Tierra de los hombres

Antoine de Saint-Exupéry nació en Lyon el 29 de junio de 1900. Al término de su educación secundaria, quiso entrar en la Escuela Naval, pero no aprobó los exámenes de ingreso. En 1920 cumplió el servicio militar en la Fuerza Aérea, y en adelante la aviación se convirtió en su gran pasión. Publicó su primer cuento en 1926, el mismo año en que comenzó su carrera de piloto en la compañía Latécoère. Poco después fue destinado a Cabo Juby, donde escribió su primera novela, *Correo del sur* (1928). De África se trasladó a Sudamérica con el encargo de establecer nuevas líneas comerciales. Allí concluyó *Vuelo nocturno* (1931), que obtuvo el premio Fémina. A partir de 1935, trabajó como corresponsal de los periódicos *L'Intransigeant* y *Paris-Soir* en Rusia y España, y participó en diversos *raids* como el París-Saigón y el Nueva York-Tierra del Fuego, experiencias que volcó en *Tierra de los hombres* (1939). En la Segunda Guerra Mundial combatió como piloto de reconocimiento y, tras la caída de Francia, se instaló en Nueva York, donde escribió *Piloto de guerra* (1942), fruto de sus vivencias durante la contienda, y *El Principito* (1943). Más tarde se reincorporó al servicio activo en el norte de África, donde escribió *Ciudadela*, que se publicaría póstumamente (1948). El 31 de julio de 1944 despegó de un campo de aviación de Córcega para cumplir una misión de la que nunca regresó.

ANTOINE DE SAINT-EXUPÉRY

Tierra de los hombres

Traducción de
Rafael Dieste

DEBOLS!LLO

Papel certificado por el Forest Stewardship Council®

MIXTO
Papel | Apoyando la
silvicultura responsable
FSC® C117695

Penguin
Random House
Grupo Editorial

Título original: *Terre des hommes*

Primera edición: enero de 2025

1939, Antoine de Saint-Exupéry
© 1939, 2025, Penguin Random House Grupo Editorial, S.A.U.
Travessera de Gràcia, 47-49. 08021 Barcelona
© Rafael Dieste, por la traducción
Diseño de la cubierta: Penguin Random House Grupo Editorial / Laura Jubert
Imagen de la cubierta: © Ignasi Font

Printed in Spain – Impreso en España

ISBN: 978-84-663-7809-3
Depósito legal: B-19.187-2024

Compuesto en Comptex&Ass., S. L.

Impreso en Black Print CPI Ibérica
Sant Andreu de la Barca (Barcelona)

P 3 7 8 0 9 3

Henri Guillaumet, camarada mío,
te dedico este libro

La tierra nos enseña más sobre nosotros que todos los libros. Porque nos opone resistencia. El hombre se descubre cuando se mide con el obstáculo. Pero, para dominarlo, necesita una herramienta. Necesita un arado, una arrobadera. El labrador, en su faena, arranca poco a poco algunos secretos a la naturaleza, y la verdad que él despeja es universal. Lo mismo el avión, la herramienta de las rutas aéreas, hace que el hombre participe en todos los viejos problemas.

Sigo teniendo ante los ojos la imagen de mi primera noche de vuelo en Argentina, una lóbrega noche en la que centelleaban solas, como estrellas, las pocas luces esparcidas por la llanura.

En ese océano de tinieblas, cada una indicaba el milagro de una conciencia. En aquel hogar se leía, se reflexionaba, se perseguían confidencias. En aquel otro, quizá, se buscaba sondear el espacio, se empleaban en cálculos sobre la nebulosa de Andrómeda. En aquel otro se amaba. Aquí y allá lucían en el campo esos fuegos, que reclamaban su alimento. Hasta los más discretos, el del poeta, el del maestro, el del carpintero. Pero, entre aquellas estrellas vivas, cuántas ventanas cerradas, cuántas estrellas extintas, cuántos hombres dormidos...

Habría que ir hasta ellos. Tenemos que intentar comunicarnos con algunos de esos fuegos que arden dispersos en el campo.

I

La línea

Fue en 1926. Yo acababa de entrar como joven piloto de línea en la Sociedad Latécoère, que aseguró, antes de la Aeropostal —después Air France—, el enlace Toulouse-Dakar. Allí aprendía el oficio. Al igual que mis compañeros, sufría el noviciado que se imponía a los jóvenes antes de tener el honor de hacer el pilotaje de posta. Ensayos de aviones, desplazamientos entre Toulouse y Perpiñán, tristes lecciones de meteorología en el fondo de un hangar glacial. Vivíamos en el temor de las cumbres de España que no conocíamos aún y en el respeto a los veteranos.

Encontrábamos a esos veteranos en el restaurante; rudos, un poco distantes, dispuestos a darnos con cierta arrogancia sus consejos. Y cuando alguno de ellos, de vuelta de Alicante o de Casablanca, se nos reunía con retraso, el impermeable chorreando agua de lluvia, y uno de nosotros le interrogaba tímidamente sobre su viaje, sus respuestas breves, en aquellos días de tempestad, nos forjaban un mundo fabuloso lleno de trampas, de asechanzas, de precipicios aparecidos bruscamente y de remolinos que habrían desarraigado cedros. Negros dragones defendían la entrada de los valles, haces de relámpagos coronaban las crestas. Aquellos veteranos alimentaban con ciencia nuestro respeto. Pero de tiempo en tiempo, respetable para la eternidad, alguno de ellos no volvía.

También recuerdo el regreso de Bury, que se mató poco después en las Corbières. Este viejo piloto acababa de sentarse en medio de nosotros y comía pesadamente, sin decir nada, con los hombros caídos, agobiados aún por el esfuerzo. Era al atardecer de uno de esos días malos en que la línea del cielo, de un extremo al otro, se ve como corrompido, en que todas las montañas le parecen al piloto rodar en un cúmulo grasiento como esos cañones que, rotas las amarras, surcaban el puente de los antiguos veleros. Yo miré a Bury, tragué saliva y me aventuré a preguntarle, al fin, si su vuelo había sido duro. Bury no me oía, la frente arrugada, inclinado sobre su plato. A bordo de los aviones descubiertos, cuando hacía mal tiempo, había que inclinarse fuera del parabrisas para ver mejor, y el azotar del viento silbaba largo tiempo en los oídos. Al fin Bury levantó la cabeza, pareció oírme, acordarse, y estalló bruscamente en una risa clara. Y esa breve risa, que iluminaba su fatiga, me maravilló, porque Bury reía poco. No dio más explicaciones sobre su victoria; inclinó la cabeza y siguió masticando en silencio. Pero en el gabinete gris del restaurante, entre los pequeños funcionarios que allí solían reparar las humildes fatigas del día, ese compañero de pesados hombros me pareció de una nobleza extraña; bajo su áspera corteza se traslucía el ángel que había vencido al dragón.

Llegó al fin la tarde en que me llamaron al despacho del director.

Me dijo simplemente:

—Saldrá usted mañana.

Permanecí un instante allí, firme, esperando la orden de retirarme. Pero, después de un silencio, añadió:

—¿Conoce usted bien las consignas?

Los motores, en aquella época, no ofrecían la misma seguridad que los de ahora. A menudo fallaban de improviso, con un gran estrépito de vajilla rota. Y uno extendía la mano hacia la costa rocosa de España, que apenas ofrece refugios. «Aquí, cuando el motor se rompe —decíamos—, el avión ¡ay! no tarda en hacer lo mismo». Pero un avión se sustituye por otro. Lo importante era, ante todo, no abordar la roca a ciegas. Así se nos prohibía, bajo pena de las más graves sanciones, volar sobre los mares de nubes que se extienden por encima de zonas montañosas. Pues el piloto, con el aparato averiado, tras hundirse en la estopa blanca, se estrellaría contra las cimas sin verlas.

Por eso, aquella tarde, una voz lenta insistía por última vez en las consignas:

—Es muy bonito navegar a brújula, en España, por encima de los mares de nubes, es muy elegante, sí, pero... —Y más lentamente todavía—: Pero, acuérdese

13

usted: por debajo de los mares de nubes... está la eternidad.

He aquí que, bruscamente, ese mundo tranquilo, tan igual, tan simple, que se descubre cuando uno emerge de las nubes, tomaba para mí un valor desconocido. Esa dulzura se convertía ahora en una trampa. Me imaginaba aquella inmensa trampa blanca, extendida allá, bajo mis pies. Debajo no reinaba, como habría podido creerse, ni la agitación de los hombres, ni el tumulto, ni el vivo tráfico de las ciudades, sino un silencio más absoluto todavía, una paz más definitiva. Ese cinturón blanco venía a ser, pues, para mí, la frontera entre lo real y lo irreal, entre lo conocido y lo incognoscible. Y adivinaba ya que un espectáculo no tiene sentido sino a través de una cultura, de una civilización, de un oficio. Los montañeses conocían también los mares de nubes. Pero no veían en ellos, sin embargo, aquel telón fabuloso.

Cuando salí de ese despacho, experimenté un orgullo pueril. A partir del alba iba a ser ya responsable de una carga de pasajeros, responsable del correo de África. Pero experimenté también una gran humildad. Me sentía mal preparado. España era pobre en refugios; temía no saber, ante una avería amenazante, dónde hallar la acogida de un campo de socorro. Me había inclinado, sin lograr descubrir los informes que habría necesitado, sobre la aridez de las cartas de navegación; y así, con el corazón lleno de esta mezcla de timidez y de orgullo, me fui a pasar esta vela de armas con mi camarada Guillaumet. Guillaumet me había precedido en esas rutas. Guillaumet conocía los trucos que entregan las llaves de España. Necesitaba ser iniciado por Guillaumet.

Cuando entré en su casa, él sonrió.

—Ya sé la noticia. ¿Estás contento?

Fue a la alacena a buscar el oporto y los vasos, luego volvió, sonriendo todavía.

—¡Vamos a celebrarlo con un trago! Ya verás, todo irá bien.

Como una lámpara esparce luz, él esparcía confianza, este compañero que debía más tarde batir el récord de las travesías postales de la cordillera de los Andes y de las del Atlántico Sur. Algunos años antes —esa noche—, en mangas de camisa, con los brazos cruzados, bajo la lámpara, sonriendo con la más generosas de las sonrisas, me dijo simplemente: «Las tormentas, la bruma, la nieve, todo eso algunas veces te fastidiará. Piensa entonces en todos los que han conocido aquello antes que tú, y dite simplemente: lo que otros han logrado uno también puede conseguirlo». Sin embargo desenrollé mis cartas y le pedí que, de todos modos, repasara un poco el viaje conmigo. E inclinado bajo la lámpara, apoyado en el hombro de ese veterano, yo volvía a encontrar la paz del colegio.

Pero ¡qué extraña lección de geografía recibí entonces! Guillaumet no me enseñaba España; me iba haciendo de España una amiga. No me hablaba de hidrografía, ni de poblaciones, ni de alquileres. No me hablaba de Guadix, sino de los tres naranjos que, cerca de Guadix, bordean un campo: «Desconfía de ellos, señálalos en tu carta...». Y, desde entonces, los tres naranjos abarcaban allí más espacio que la Sierra Nevada. No me hablaba de Lorca, sino de una simple granja cerca de Lorca. De una granja viviente. Y de su granjero. Y de su granjera. Y esa pareja, perdida en el espacio a mil quinientos kilómetros de nosotros, adquiría una importancia desmedida.

Bien instalados sobre la vertiente de su montaña, semejantes a guardianes de faro, estaban siempre preparados, bajo sus estrellas, para socorrer a los hombres.

Y así íbamos sacando del olvido, de su inconcebible lejanía, detalles ignorados de todos los geógrafos del mundo. Porque a los geógrafos solo les interesa el Ebro, que abreva grandes ciudades. Pero no ese arroyo escondido entre la hierba al oeste de Motril, ese padre nutricio de una treintena de flores. «Desconfía del arroyo, echa a perder el campo... Márcalo también en tu carta». ¡Ah! ¡No olvidaré fácilmente a aquella serpiente de Motril! No parecía peligrosa, apenas si con su ligero murmullo encantaba a algunas ranas, pero dormía con un ojo abierto. En el paraíso del campo de socorro, tendido entre la hierba, me acechaba a dos mil kilómetros. En la primera ocasión podría convertirme en un haz de llamas...

Yo también tendría que esperar a pie firme a esos treinta carneros de combate dispuestos allí en el flanco de la colina, dispuestos para la carga: «Tú crees que este prado está libre y luego ¡zas! he aquí tus treinta carneros que se te meten bajo las ruedas...». Y yo, ante una amenaza tan pérfida, respondía con una sonrisa maravillada.

Y, poco a poco, la España de mi carta se convertía bajo la lámpara en un país de cuento de hadas. Yo balizaba con una cruz los refugios y las trampas. Balizaba el cortijero, los treinta carneros, el arroyo. Ponía en su justo lugar a tal pastora, que habían desdeñado los geógrafos.

Cuando me despedí de Guillaumet sentí la necesidad de caminar en aquella helada noche de invierno. Me levanté el cuello del abrigo y caminé entre los transeúntes ignorantes de mi fervor juvenil. Estaba orgulloso de cruzarme con aquellos desconocidos, con mi secreto en el corazón. Aquellos bárbaros me ignoraban, pero es a mí a quien al amanecer serían confiados sus preocupaciones, sus anhelos, con la carga de los sacos postales. Y sería en mis manos donde entregarían sus esperanzas. Así, arrebujado en mi gabán, adoptaba entre ellos un paso protector, pero ellos nada sabían de mi solicitud. Ni recibían tampoco los mensajes que venían a mí de la noche. Pues es a mi carne a la que interesaba esa tempestad de nieve que quizá estaba preparándose y complicaría mi primer viaje. Las estrellas se apagaban una a una. ¿Cómo podían notarlo estos paseantes? Solo yo recibía la confidencia. Se me comunicaban las posiciones del enemigo antes de la batalla...

Sin embargo, yo recibía estas consignas, que me comprometían tan gravemente, junto a los escaparates iluminados, en que lucían los regalos de Navidad. Todos los bienes de la tierra parecían expuestos allí, en la noche, y yo disfrutaba de esa embriaguez altiva que suponía renunciar a ellos.

Era un guerrero amenazado: ¿qué me importaban aquellos cristales tan brillantes, destinados a las fiestas de la noche, aquellas pantallas de lámpara, aquellos libros? Me hundía ya en el rocío marino, mordía ya, piloto de línea, la pulpa amarga de las noches de vuelo.

Eran las tres de la mañana cuando me despertaron. Empujé de un golpe seco las persianas, observé que llovía sobre la ciudad y me vestí con cierta gravedad. Una media hora más tarde, sentado sobre mi pequeña maleta, esperaba en la acera luciente de lluvia el autobús que había de recogerme. ¡Tantos compañeros, antes que yo, habían sufrido esa misma espera, con el corazón encogido, el día de la consagración! Surgió, al fin, por la esquina de la calle aquel viejo vehículo que emitía un gran ruido de chatarra y yo tuve derecho, al igual que otros compañeros, a apretarme sobre el asiento, entre el aduanero medio adormilado y algunos burócratas. Ese ómnibus olía a encierro, a la administración polvorienta, al viejo despacho en que se sepulta la vida de un hombre. Se detenía cada quinientos metros para cargar un secretario más, un aduanero más, un inspector. Los que ya dentro se habían adormecido respondían con un vago gruñido al saludo del recién llegado, el cual se amontonaba allí como podía y bien pronto se adormilaba, a su vez. Era aquel, sobre los pavimentos desiguales de Toulouse, una especie de triste acarreo; y el piloto de línea, mezclado con los funcionarios, apenas se distinguía de ellos a primera vista... Pero los faroles desfilaban, pero el campo de aviación se aproximaba, pero ese viejo autobús bamboleante no era más que una crisálida gris de la que el hombre saldría transfigurado.

De igual manera cada compañero, una mañana semejante, había sentido nacer dentro de sí, en su condición de subordinado vulnerable, sometido aún a la aspereza del inspector, al responsable del correo de España y de África, que tres horas más tarde había de encararse entre relámpagos con el dragón de Hospitalet... y cuatro horas más tarde, habiéndolo vencido, decidiría con toda libertad, con plenos poderes, el rodeo por el mar o el asalto directo a los macizos de Alcoy; había sentido nacer en él a aquel que iba a tratar con la tempestad, con la montaña, con el océano.

De igual manera cada compañero, confundido en el equipo anónimo, bajo el sombrío cielo de invierno de Toulouse, había sentido, en una mañana semejante, crecer en él al soberano que, cinco horas más tarde, abandonando tras de sí las lluvias y las nieves del norte, rechazando al invierno, reduciría la marcha del motor y comenzaría su descenso en pleno estío, bajo el sol resplandeciente de Alicante.

Aquel viejo autobús ha desaparecido, pero su austeridad, su falta de comodidad han quedado vivas en mi recuerdo. Simbolizaba bien la preparación necesaria a las duras alegrías de nuestro oficio. Todo adquiría en él una sobriedad sorprendente. Y yo recuerdo cómo tres años más tarde supe, sin que se intercambiasen más de diez palabras, de la muerte del piloto Lécrivain, uno de tantos compañeros de línea que un día o una noche de bruma tomaron el retiro eterno.

Eran, también entonces, las tres de la mañana, reinaba el mismo silencio, cuando oímos al director, invisible en la sombra, levantar la voz hacia el inspector:

—Lécrivain no ha aterrizado esta noche en Casablanca.

—¡Ah! —respondió el inspector—. ¿Eh?— Y, arrancado al curso de su sueño, hizo un esfuerzo para despertarse y mostrar así su celo y añadió—: ¿Ah, sí? ¿No ha conseguido pasar? ¿Dio media vuelta?

A lo cual en el fondo del ómnibus se respondió sencillamente: «No». Esperamos la continuación, pero siguió el silencio. Y, a medida que pasaban los segundos, se hacía más evidente que aquel «no» no iría seguido de ninguna otra palabra, que aquel era un «no» sin apelación, que Lécrivain, no solo no había aterrizado en Casablanca, sino que jamás aterrizaría ya en parte alguna.

Así, en aquella mañana, en el alba de mi primer correo, me sometía, a mi vez, a los ritos sagrados del oficio, y me sentía inseguro al mirar, a través de los cristales, el asfalto empedrado y reluciente en el que se reflejaban los faroles.

Se veía correr grandes ráfagas de viento sobre los charcos de agua. Y yo pensaba: «Para ser mi primer correo... verdaderamente... tengo poca suerte». Levanté los ojos hacia el inspector: «¿Esto implica mal tiempo?». El inspector lanzó hacia una mirada cansada hacia el cristal: «Eso no prueba nada», gruñó al fin. Y yo me preguntaba qué tipo de señales presagiaban mal tiempo. La víspera por la noche, Guillaumet había desvanecido con solo una sonrisa todos los malos presagios con los que nos abrumaban los veteranos, pero ahora me volvían a la memoria: «Compadezco al que no conozca la línea piedra a piedra, si se encuentra con una tempestad de nieve... ¡Cuánto lo compadezco, sí...!». Tenían que salvar su prestigio, y negaban con la cabeza mientras nos miraban con una compasión algo molesta, como si se doliesen de nuestro inocente candor.

Y, en efecto, ¿para cuántos de entre nosotros había servido ya ese autobús de último refugio? ¿Sesenta, ochenta? Conducidos por el mismo conductor taciturno, una mañana de lluvia. Yo miraba alrededor: puntos luminosos relucían en la sombra, cigarrillos puntuaban las meditaciones. Humildes meditaciones de empleados envejecidos. ¿A cuántos de nosotros habían servido esos compañeros de último cortejo?

Sorprendía también las confidencias que se intercambiaban en voz baja. Se referían a las enfermedades, al dinero, a las tristes preocupaciones domésticas. Mostraban los muros deslucidos de la prisión en la que esos hombres se habían encerrado. Y, bruscamente, se me apareció el rostro del destino.

Viejo burócrata, mi compañero aquí presente, nadie jamás hizo nada para que pudieses escaparte, y tú no eres responsable de ello. Has construido tu paz a fuerza de cegar con cemento, como las termitas, todas las salidas a la luz. Te has enrollado como un ovillo en tu seguridad burguesa, en tu rutina, en los ritos asfixiantes de tu vida provinciana. Has levantado esa débil muralla contra los vientos y las mareas y las estrellas. Tú no quieres preocuparte con grandes problemas; ya has tenido de sobra con olvidar tu condición de hombre. No eres el habitante de un planeta errante, no te planteas preguntas sin respuesta: eres un pequeño burgués de Toulouse. Nadie te ha sacudido por los hombros cuando todavía era tiempo. Ahora, la arcilla de la que estás hecho se ha secado, se ha endurecido, y nadie podría ya despertar en ti al músico dormido, o al poeta, o al astrónomo, que acaso en un principio te habitaban.

Ahora, ya no me quejo de las ráfagas de lluvia. La magia del oficio me abre un mundo en el cual, antes de dos horas, deberé encararme con dragones negros y crestas coronadas por una cabellera de relámpagos azules; en el cual, al llegar la noche, liberado, leeré mi camino en los astros.

Así se desenvolvía nuestro bautizo profesional, y comenzábamos a viajar. Generalmente, esos viajes no tenían emoción alguna. Descendíamos en paz como buzos de oficio en las profundidades de nuestro dominio. Este se halla hoy día bien explorado. El piloto, el mecánico, el radiotelegrafista ya no emprenden ninguna aventura, sino que se encierran en el laboratorio. Obedecen a juegos de agujas y ya no al desarrollo de los paisajes. Afuera, las montañas están sumergidas en tinieblas, pero ya no son montañas. Son invisibles potencias, cuya proximidad hay que calcular. El radiotelegrafista, juiciosamente, bajo la lámpara, anota cifras; el mecánico puntea la carta y el piloto corrige su ruta si las montañas han derivado, si las cimas que deseaba doblar a la izquierda se han desplegado enfrente de él con ese silencio y secreto de los preparativos militares.

A su vez, los radiotelegrafistas de guardia en tierra toman juiciosamente en sus cuadernos, en el mismo instante, el dictado de su compañero: «Doce cuarenta de la noche. Ruta al 230. Todo bien a bordo».

Así viaja actualmente la tripulación. No siente que esté en movimiento. Se halla muy lejos, como de noche en el mar, de toda referencia. Pero los motores llenan esa cámara iluminada con un estremecimiento que transmuta su sustancia. Pero gira el reloj. Pero se persigue en esos cuadrantes, en esas lámparas de radio, en esas agujas toda una alquimia invisible. De segundo en segundo, esos gestos secretos, esas palabras ahogadas, esa atención preparan el milagro. Y cuando llega la hora exacta el piloto puede, con toda seguridad, pegar su frente al cristal. De la nada ha nacido el oro: resplandece allí en las luces de la escala. Y, sin embargo, todos nosotros conocimos los viajes en los que, de pronto, a la luz de un punto de vista particular, sentimos a dos horas de la escala, como no la habríamos sentido en las Indias, una lejanía de la que no esperábamos regresar.

Así, cuando Mermoz atravesó por primera vez el Atlántico Sur en hidroavión, y luego abordó, hacia el atardecer, la región de Pot-au-Noir, vio ante él, como se ve crecer un muro, apretarse de minuto en minuto las colas de tornados y establecerse luego la noche sobre esos preparativos y disimularlos. Y cuando, una hora más tarde, se coló bajo las nubes, desembocó en un reino fantástico.

Trombas marinas se levantaban allí acumuladas y en apariencia inmóviles como los pilares negros de un templo, y soportaban, infladas en sus extremos, la bóveda oscura y baja de la tempestad; pero, a través de los desgarramientos de la bóveda, caían lienzos de luz, y la luna llena resplandecía entre los pilares, sobre las frías losas del mar. Mermoz proseguía su ruta a través de esas ruinas deshabitadas, yendo en oblicuas de un canal de luz a otro, rodeando esos pilares gigantes en los que, sin duda, bramaba la ascensión del mar, avanzando así durante cuatro horas, a lo largo de esas olas de luna fundida, hacia la salida del templo. Y ese espectáculo era tan imponente que Mermoz, una vez atravesado el Pot-au-Noir, se dio cuenta de que no había tenido miedo.

Recuerdo también una de esas horas en las que se franquean los confines del mundo real: los informes radiogoniométricos comunicados por las escalas saharianas durante toda aquella noche fueron erróneos y nos habían confundido gravemente al radiotelegrafista Néri y a mí. De pronto, vi cómo relucía el agua a través de una grieta en la bruma, y entonces viré bruscamente en dirección a la costa; no podíamos saber cuánto tiempo hacía que estábamos adentrándonos hacia alta mar.

No estábamos seguros de poder llegar a la costa, porque quizá no dispusiésemos de suficiente combustible. Pero, además, una vez alcanzada la costa, tendríamos todavía que encontrar la escala. Ahora bien, era la hora de la puesta de la luna. Sin informes angulares, ya sordos, poco a poco nos quedaríamos ciegos. La luna acababa de apagarse como una brasa pálida en medio de una bruma semejante a un banco de nieve. El cielo, por encima de nosotros, se cubría de nubes, y navegábamos entre esas nubes y esa bruma, en un mundo vacío ya de toda luz y de toda sustancia.

Las escalas que respondían renunciaban a informarnos sobre nuestra posición: «Sin datos... sin datos...», pues nuestra voz les llegaba de todas partes y de ninguna.

Y de pronto, cuando ya habíamos perdido toda esperanza, un punto brillante se descubrió ante nosotros en el horizonte, hacia la izquierda. Yo sentí una alegría tumultuosa, Néri se inclinó sobre mí ¡y oí que cantaba! Aquello no podía ser más que la escala, aquello no podía ser más que su faro, pues el Sáhara de noche se apaga en toda su extensión y forma un gran territorio muerto. La luz, sin embargo, centelló un poco y después se apagó. Habíamos puesto rumbo hacia una estrella, visible al ponerse, y solo por algunos minutos, en el horizonte, entre la capa de bruma y las nubes. Entonces vimos levantarse otras luces y, con una sorda esperanza, íbamos poniendo rumbo hacía ellas, una tras otra. Y, cuando la luminaria se prolongaba, intentábamos la experiencia vital: «Luz a la vista —ordenaba Néri a la escala de Cisneros—, apagad vuestro faro y encendedlo tres veces». Cisneros apagaba y volvía a encender su faro, pero la dura luz que nosotros vigilábamos, incorruptible estrella, no pestañeaba.

A pesar de que el combustible se estaba agotando, mordíamos siempre el anzuelo de oro; cada vez se trataba de la verdadera luz de un faro; cada vez se trataba de la escala y la vida; después, había que cambiar de estrella.

Entonces nos sentimos perdidos en el espacio interplanetario, entre cien planetas inaccesibles, en busca del único planeta verdadero, el nuestro, el único que contenía nuestros paisajes familiares, nuestras casas amigas, nuestras ternuras. Del único que contenía... os diré la imagen que se me presentó y que acaso os parecerá pueril. Pero en el corazón mismo del peligro uno conserva preocupaciones de hombre. Si diésemos con Cisneros proseguiríamos el viaje después de llenar el depósito de combustible, y aterrizaríamos en Casablanca en el frescor del amanecer. ¡Trabajo concluido!

Néri y yo bajaríamos a la ciudad. Al amanecer, se encuentran pequeñas tabernas que ya están abiertas. Néri y yo nos sentaríamos a la mesa, ya sin peligro alguno, riéndonos de la noche anterior ante cruasanes calientes y cafés con leche. Néri y yo recibiríamos ese regalo matinal de la vida. De la misma manera, una vieja aldeana no se une a su dios sino a través de una imagen pintada, una medalla inocente, un rosario: es necesario que nos hablen en un lenguaje simple para que entendamos. Así, la alegría de vivir se concentraba para mí en este primer trago oloroso y caliente, en esa mezcla de leche, de café y de trigo, a través del cual se comulga con los tranquilos pastizales, las plantaciones exóticas y las mieses, a través del cual se comulga con toda la tierra. Entre tantas estrellas, aquella olorosa taza del desayuno al alba era la única que importaba en ese momento, por estar precisamente a nuestro alcance. Pero distancias infranqueables se acumulaban entre nuestro navío y aquella tierra habitada. Todas las riquezas del mundo se alojaban en un grano de polvo perdido entre las constelaciones. Y el astrólogo Néri, que se esforzaba en reconocerlo, seguía suplicando a las estrellas.

De pronto su puño sacudió mi hombro. En el papel que este empellón me anunciaba, leí: «Todo va bien, estoy recibiendo un mensaje magnífico...». Y yo esperé con el corazón desbocado a que terminara de transcribirme las cinco o seis palabras que nos salvarían. Al fin tuve ese don del cielo.

Estaba fechado en Casablanca, que nosotros habíamos abandonado la víspera por la noche. Retrasado en las transmisiones, nos alcanzaba de repente dos mil kilómetros más lejos, entre las nubes y la bruma, perdidos en el mar. Ese mensaje procedía del representante del Estado en el aeropuerto de Casablanca. Y leí: «Señor de Saint-Exupéry, me veo obligado a pedir a París que le sancionen; ha virado demasiado cerca de los hangares a la salida de

Casablanca». Era verdad que yo había virado demasiado cerca de los hangares. Era verdad, también, que ese hombre cumplía con su oficio mostrando su enfado. Yo habría aceptado con humildad este reproche en una oficina de aeropuerto. Pero nos alcanzaba donde no debía hacerlo. Desentonaba entre aquellas escasas estrellas, aquel lecho de bruma, aquel sabor amenazante del mar. Teníamos entre manos nuestros propios destinos, el del correo y el de nuestro navío, y ya nos costaba sobrevivir en aquella situación, y aquel hombre desahogaba contra nosotros su pequeño rencor. Pero, lejos de irritarnos, Néri y yo experimentamos un enorme y repentino júbilo. Allí éramos los amos, y, gracias a él, nos dimos cuenta de ello. ¿Ese cabo no había visto en nuestras mangas que habíamos pasado a capitanes? Venía a perturbarnos en nuestro sueño cuando hacíamos solemnemente los cien pasos de la Osa Mayor a Sagitario, cuando el único asunto que podía preocuparnos, considerado a tal escala, era la traición de la luna...

El deber inmediato, el único deber del planeta en el que ese hombre se manifestaba, era proporcionarnos cifras exactas para nuestros cálculos entre los astros. Y los que nos daban eran falsos.

Para lo demás, y de forma provisiona, el planeta debía limitarse a permanecer callado. Y Néri me escribió: «En lugar de entretenerse en tonterías, mejor harían ellos en conducirnos a algún lado...». «Ellos» resumía para él todos los pueblos del globo, con sus parlamentos, sus senados, sus marinas, sus ejércitos y sus emperadores. Y, releyendo el mensaje de aquel insensato que pretendía tener algo que ver con nosotros, cambiamos de rumbo y nos dirigimos hacia Mercurio.

Fuimos, en fin, salvados por el azar más extraño: llegó un momento en que, sacrificando ya toda esperanza de llegar nunca a Cisneros y virando perpendicularmente en dirección a la costa, decidí mantener ese rumbo hasta agotar el combustible. Me reservaba así algunas probabilidades de no zozobrar en el mar. Por desgracia también, los faros me habían atraído Dios sabe adónde. Por desgracia también, la espesa bruma en que nos veíamos obligados acaso a descender, y en plena noche, nos dejaba pocas probabilidades de tocar tierra sin sufrir una catástrofe. Pero no había otra alternativa.

La situación era tan evidente que me encogí melancólicamente de hombros cuando Néri me deslizó un mensaje que, una hora antes, nos habría salvado: «Cisneros se decide a informarnos. Cisneros indica: doscientos dieciséis dudosos...». Cisneros no estaba ya hundido en las tinieblas, Cisneros se revelaba allí tangible, a nuestra izquierda. Sí, pero ¿a qué distancia? Néri y yo tuvimos una breve conversación. Demasiado tarde. Estábamos de acuerdo. De ir a Cisneros agravaríamos los riesgos de no llegar a la costa. Y Néri respondió al mensaje: «Motivo nos queda una hora de combustible mantenemos rumbo a noventa y tres».

Las escalas, sin embargo, se despertaban una a una. En nuestro diálogo se mezclaban las voces de Agadir, de

Casablanca, de Dakar. Los puestos de radio de cada ciudad habían dado la alerta a los aeropuertos. Los jefes de aeropuerto a los camaradas. Y poco a poco se congregaban alrededor de nosotros como en torno al lecho de un enfermo. Calor inútil, pero calor al menos. Consejos estériles, pero ¡tan conmovedores!

Y, bruscamente, Toulouse surgió. Toulouse, cabeza de línea, perdida allí a cuatro mil kilómetros. Toulouse se instaló de golpe entre nosotros, y sin preámbulo: «El aparato que pilota usted ¿no es el F...?». He olvidado la matrícula. «Sí». «Entonces dispone usted todavía de dos horas de combustible. El depósito de ese aparato no es un depósito estándar. Rumbo a Cisneros».

*

Así, las necesidades que impone un oficio transforman y enriquecen el mundo. Ni siquiera es necesaria una noche semejante para que el piloto de línea descubra un nuevo sentido en los viejos espectáculos: el paisaje monótono que fatiga al pasajero es ya otro para la tripulación. Esa masa de nubes que cierra el horizonte deja de ser para él un decorado: interesará a sus músculos y le planteará problemas. Y él la tiene en cuenta, la mide; un verdadero lenguaje la liga a él. He aquí un pico, lejano todavía: ¿qué rostro mostrará? En el claro de luna será un cómodo punto de referencia, pero, si el piloto vuela a ciegas, si corrige difícilmente su deriva y duda de su posición, el pico se convertirá en un explosivo, llenará con su amenaza la noche entera, del mismo modo que una sola mina sumergida, paseada a merced de las corrientes, echa a perder todo el mar.

Así varían también los océanos. Para los simples viajeros la tempestad permanece invisible: observadas desde tan alto, las olas no ofrecen relieve y los golpes de rocío marino parecen inmóviles. Solo grandes palmas blancas se extienden ahí abajo, marcadas de nervaduras y de rebordes, presas en una especie de hielo. Pero la tripulación sabe que todo amaraje allí está vedado. Esas palmas son, para él, semejantes a grandes flores venenosas.

E, incluso cuando se trata de un viaje feliz, el piloto que navega con rumbo a alguna parte, sobre su trozo de línea, no asiste a un simple espectáculo. No admira esos colores de la tierra y del cielo, esas huellas del viento sobre el mar, esas nubes doradas del crepúsculo, sino que analiza. Como el labriego que visita sus tierras y que prevé, en mil signos, el avance de la primavera, la amenaza del hielo, el anuncio de la lluvia, así el piloto de oficio descifra también signos de nieve, signos de bruma, signos de noche afortunada. La máquina, que parecía a primera vista separarlo de los grandes problemas naturales, lo sujeta a ellos con más rigor aún. Solo, en medio del vasto tribunal que un cielo de tempestad le expone, ese piloto disputa su correo a tres divinidades elementales: la montaña, el mar y la tempestad.

II

Los compañeros

1

Algunos compañeros, entre ellos Mermoz, fundaron la línea francesa de Casablanca a Dakar, a través del Sáhara insumiso. Como los motores de entonces apenas resistían, una avería hizo caer a Mermoz en manos de los moros; estos dudaron si matarle, le tuvieron quince días prisionero y lo revendieron al fin. Mermoz reanudó sus correos sobre los mismos territorios.

Cuando se abrió la línea de América, Mermoz, siempre en vanguardia, fue el encargado de estudiar el tramo de Buenos Aires a Santiago y, después de un puente sobre el Sáhara, de levantar otro por encima de los Andes. Se le confió un avión que alcanzaba los cinco mil doscientos metros.

Las crestas de la cordillera se elevan a siete mil. Y Mermoz despegó para encontrar aberturas.

Después de la arena, Mermoz afrontó la montaña, esos picos que sueltan con el viento su bufanda de nieve, ese empalidecimiento de las cosas antes de la borrasca, esos remolinos tan duros que, cuando se sufren entre dos murallas de rocas, obligan al piloto a una especie de pelea a cuchillo. Mermoz se enfrentó a estos combates sin conocer al adversario, sin saber si podría salir con vida de esos abrazos. Mermoz «ensayaba» para los demás.

Finalmente, un día, a fuerza de «ensayar», se halló prisionero de los Andes. Encallados a cuatro mil metros de altitud sobre una meseta de paredes verticales, su mecánico y él buscaron durante dos días el medio de evadirse. Estaban presos.

Entonces, jugando su última carta, lanzaron el avión hacia el vacío, rebotaron duramente sobre el suelo desigual hasta llegar al borde y se colaron en el precipicio. Durante la caída, el avión tomó bastante velocidad pero pudimos recuperar el control de los mandos. Mermoz lo enderezó hacia una cresta, logró alcanzarla y, al fin, con el agua derramándose de todos los tubos agrietados por el hielo durante la noche, con el motor averiado después de siete minutos de vuelo, descubrió bajo él la llanura chilena como una tierra prometida.

Al día siguiente voló de nuevo.

Cuando hubo explorado a fondo los Andes y dominado la técnica de las travesías, Mermoz confió aquella parte a su compañero Guillaumet y se fue a explorar la noche.

La iluminación de nuestras escalas todavía no estaba resuelta y, sobre los campos de aterrizaje, en noche cerrada, se alineaba frente a Mermoz la débil iluminación de tres fogatas hechas a base de combustible.

Salió bien de aquello, y así abrió la ruta.

Cuando la noche estuvo bien domesticada, Mermoz ensayó el océano. Y por primera vez, a partir de 1931, el correo fue transportado en cuatro días de Toulouse a Buenos Aires. De regreso, Mermoz sufrió una avería en el depósito de aceite en el centro del Atlántico Sur, sobre un mar muy encrespado. Fueron salvados por un navío, él, su correo y su tripulación. Así, Mermoz había roturado las arenas, la montaña, la noche y el mar. Y también, más de una vez, había hecho un aterrizaje forzoso en las arenas, la montaña, la noche y el mar. Y cuando regresaba era siempre para volver a partir.

Al final, después de doce años de trabajo, cuando sobrevolaba una vez más el Atlántico Sur, indicó en un breve mensaje que iba a apagar el motor derecho de la parte de atrás del aparato. Después se hizo el silencio.

La noticia no parecía demasiado inquietante y, sin embargo, después de diez minutos de silencio, todos los puestos de radio de la línea, desde París hasta Buenos Aires, comenzaron su angustiosa espera. Porque, si diez minutos de retraso apenas tienen importancia en la vida diaria, en la aviación postal adquieren, en cambio, un grave significado. En el corazón de ese tiempo muerto, se encierra un acontecimiento aún desconocido. Insignificante o catastrófico, ya se ha cumplido. El destino ha pronunciado su juicio, y contra ese juicio no hay ya apelación: una mano de hierro ha gobernado a una tripulación hacia el amerizaje sin novedad o hacia la tragedia. Pero el veredicto no se ha comunicado aún a los que esperan.

¿Quién de nosotros no ha conocido esas esperanzas

cada vez más frágiles, ese silencio que empeora de minuto en minuto como una enfermedad fatal? Nosotros esperábamos, las horas fueron deslizándose, y poco a poco se hizo tarde. Comprendimos que nuestros compañeros no volverían, que reposaban en ese Atlántico Sur, cuyo cielo tantas veces habían labrado. Mermoz, decididamente, se había atrincherado detrás de su obra, como un segador que, habiendo liado bien el haz, se tumba en su campo.

Cuando un compañero fallece así, su muerte nos parece un acontecimiento propio de ese oficio y, al principio, hiere quizá menos que otra muerte. Cierto que se ha alejado, que ha sufrido su último cambio de escala, pero su presencia no nos falta todavía tanto como podría faltarnos el pan.

Estamos acostumbrados a esperar largo tiempo los reencuentros, porque los compañeros de línea están dispersos por el mundo, de París a Santiago de Chile, aislados, un poco a la manera de los centinelas que apenas se hablan. Es preciso el azar de los viajes para congregar, aquí o allá, a los miembros dispersos de la gran familia profesional. En torno a la mesa de una noche en Casablanca, Dakar o Buenos Aires, se reanudan, después de años de silencio, conversaciones interrumpidas, y uno vuelve a enlazarse a los viejos recuerdos. Luego se parte de nuevo. La tierra es, así, a la vez desierta y rica. Rica de esos jardines secretos, ocultos, difíciles de alcanzar, pero a los cuales el oficio nos conduce siempre, un día u otro. La vida acaso nos separa de nuestros compañeros, nos impide pensar mucho en ellos, pero se sabe, aunque no muy bien dónde, que están en alguna parte, silenciosos y olvidados, pero ¡siempre tan fieles! Y, si cruzamos su camino, ellos nos sacuden por los hombros con bellas llamaradas de alegría. Tenemos, sí, el hábito de esperar...

Pero poco a poco descubrimos que ya nunca oiremos la risa clara de aquel, descubrimos que ese jardín nos está ya vedado para siempre. Entonces comienza nuestro verdadero duelo, que no es desgarrador, sino un poco amargo.

Nada reemplazará nunca, en efecto, al compañero perdido. No es posible crear viejos compañeros. Nada vale como el tesoro de tantos recuerdos comunes, de tantas malas horas vividas juntos, de tantas riñas, reconciliaciones, impulsos del corazón. Aquellas amistades no se reconstruyen.

Si se planta un roble, sería vano esperar cobijarse enseguida bajo su follaje.

Así transcurre la vida. Nos hemos, primero, enriquecido, hemos plantado durante años, pero vienen los años en que el tiempo deshace ese trabajo y tala los árboles. Uno a uno los compañeros nos retiran su sombra. Y a nuestros duelos se mezcla, en adelante, la pena secreta de envejecer.

Tal es la moral que Mermoz y otros nos han enseñado. La grandeza de un oficio está acaso, ante todo, en unir a hombres: no hay más que un lujo verdadero y es el de las relaciones humanas.

Trabajando con el único fin de conseguir bienes materiales, nos estamos construyendo nosotros mismos la prisión. Nos encerramos solitarios con nuestra moneda de ceniza, que no aporta nada que valga la pena ser vivido. Si busco entre mis recuerdos aquellos que me han dejado un sabor perdurable, si hago balance de las horas que para mí han contado, estoy seguro de que son aquellas que ninguna fortuna habría podido ofrecerme. No se compra la amistad de un Mermoz, de un compañero a quien nos han ligado para siempre las experiencias que hemos vivido juntos.

Aquella noche de vuelo y sus cien mil estrellas, aquella serenidad, aquella soberanía de algunas horas no las compra el dinero.

Aquel nuevo aspecto del mundo después de la etapa difícil, esos árboles, flores, mujeres, sonrisas frescamente coloreadas por la vida que acaba de sernos entregada con el alba, todo ese concierto de pequeñas cosas que nos recompensan, no las compra el dinero.

Ni esa noche vivida en terreno disidente y de la cual me vuelve ahora el recuerdo.

Éramos tres equipos de la Aeropostal que habíamos naufragado al atardecer sobre la costa del Río de Oro. Mi compañero Riguelle se había posado el primero, debido a una biela rota; para recogerle a él y a su equipo, otro camarada, Bourgat, había aterrizado a su vez, pero una avería de escasa gravedad le había también clavado al suelo. Finalmente, aterricé yo, pero cuando llegué caía la noche. Decidimos salvar el avión de Bourgat y, para llevar a buen fin la reparación, esperar el día.

Un año antes nuestros camaradas Gourp y Érable, con el aparato averiado justamente allí, habían sido asesinados por los disidentes. Sabíamos que ahora también un grupo de trescientos fusiles, que se dedicaba al pillaje, acampaba en alguna parte en Bojador. Nuestros tres aterrizajes, visibles desde lejos, quizá los habían alertado, y comenzamos una vigilia que podía ser la última.

Nos acomodamos, pues, para pasar la noche.

Tras desembarcar de los compartimentos de equipajes cinco o seis cajas de mercancías, las vaciamos y dispusimos en círculo y, en el fondo de cada una de ellas, como en el hueco de una garita, encendimos una pobre bujía, mal protegida contra el viento. Así, en pleno desierto, sobre la corteza desnuda del planeta, en un aislamiento digno de los primeros años del mundo, construimos un poblado de hombres.

Agrupados para la velada en esa plaza mayor de nuestra aldea, en ese retazo de arena sobre el que nuestras cajas difundían una luz vacilante, aguardamos. Aguardábamos el alba, que nos salvaría, o a los moros. Y algo, no sé qué, daba a aquella noche un sabor de Navidad. Compartíamos recuerdos, bromeábamos y cantábamos.

Disfrutábamos de ese mismo fervor ligero que se experimenta en una bonita fiesta. Y, sin embargo, éramos infinitamente pobres. Viento, arena, estrellas. Un estilo duro, para trapenses. Pero, sobre ese mantel mal iluminado, seis o siete hombres que no poseían ya nada en el mundo, sino sus recuerdos, se repartían invisibles riquezas.

Nos habíamos vuelto a encontrar al fin Caminamos durante mucho tiempo de un lado a otro, encerrados en nuestro propio silencio, o bien intercambiamos palabras que no dicen nada. Pero he aquí la hora del peligro. Entonces nos apoyamos los unos a los otros. Y, en ese momento, comprobamos que pertenecemos a la misma comunidad. Uno se expande a través del descubrimiento de otras conciencias. Todos se miran con una gran sonrisa. Y uno es semejante a ese prisionero liberado que se maravilla de la inmensidad del mar.

2

Guillaumet, diré algunas palabras sobre ti, pero no te molestaré insistiendo con pesadez sobre tu coraje o sobre tu valor profesional. Es otra cosa lo que yo querría describir contando la más bella de tus aventuras.

Es una cualidad que no tiene nombre. Quizá sería «gravedad», pero la palabra no satisface. Pues esa cualidad a la que me refiero puede acompañarse de la alegría más sonriente. Es la misma cualidad del carpintero que se instala frente a su pieza de madera, la palpa, la mide y, lejos de tratarla a la ligera, reúne, en honor a ella, a todas sus virtudes.

Leí hace tiempo, Guillaumet, un relato en que se celebraba tu aventura y tengo una vieja cuenta que ajustar con esa estampa infiel. Se te veía allí lanzando humoradas de tipo pendenciero, como si el valor consistiera en rebajarse a burlas de colegial en el corazón de los peores peligros y a la hora de la muerte. No te conocían, Guillaumet. Tú no sientes la necesidad de burlarte de los adversarios antes de enfrentarte a ellos. Frente a una violenta borrasca, tú juzgas: «He aquí una violenta borrasca». La aceptas y mides su intensidad.

Yo te traigo aquí, Guillaumet, el testimonio de mis recuerdos.

Habías desaparecido hacía cincuenta horas, en pleno invierno, en el curso de una travesía de los Andes. Al volver de lo más profundo de la Patagonia, me reuní con el piloto Deley en Mendoza. Durante cinco días, ambos registramos en avión aquel amontonamiento de montañas, pero sin descubrir nada. Nuestros dos aparatos apenas bastaban. Nos parecía que cien escuadrillas volando durante cien años no hubiesen acabado de explorar ese enorme macizo cuyas crestas se elevan hasta siete mil metros. Habíamos perdido toda esperanza. Incluso los contrabandistas, bandidos que allá cometen un crimen por cinco francos, se negaron a aventurarse sobre los contrafuertes de las montañas con alguna expedición de socorro. «Correría peligro nuestra vida —nos decían—. Los Andes, en invierno, no devuelven a los hombres». Cuando Deley o yo aterrizábamos en Santiago, los oficiales chilenos nos aconsejaban, ellos también, suspender nuestras exploraciones. «Estamos en invierno. Vuestro compañero, aunque sobreviviese a la caída, no ha sobrevivido a la noche. Allá arriba, cuando la noche pasa sobre un hombre, lo convierte en hielo». Y, cuando de nuevo me deslizaba entre los muros y sobre los pilares gigantes de los Andes, no me parecía que te estuviese buscando, sino que velaba tu cuerpo en silencio, en una catedral de nieve.

Al fin, en el transcurso del séptimo día, estaba almorzando entre dos travesías en un restaurante de Mendoza, cuando un hombre empujó la puerta y gritó (¡ah!, poca cosa):

—¡Guillaumet... vivo!

Y todos los desconocidos que se encontraban allí se abrazaron.

Diez minutos después yo había despegado con dos mecánicos a bordo, Lefebvre y Abri. Cuarenta minutos más tarde había aterrizado a lo largo de una carretera al reconocer no sé cómo, hacia San Rafael, el coche que te llevaba no sé dónde. Fue aquel un bello encuentro; llorábamos todos y te apretábamos contra nuestros brazos, vivo, resucitado en torno a tu propio milagro. Fue entonces cuando expresaste, y fue tu primera frase inteligible, un admirable orgullo de hombre: «Lo que he hecho, te lo juro, jamás bestia alguna lo habría hecho».

Más tarde nos relataste el accidente.

Ante una tempestad que había vertido cinco metros de espesor de nieve en cuarenta y ocho horas sobre la vertiente chilena de los Andes, taponando todo el espacio, los americanos de la Pan-Air habían dado media vuelta. Tú despegaste, sin embargo, en busca de una desgarradura en el cielo. La descubriste —y resultó ser una trampa— un poco más al sur; y entonces, hacia seis mil quinientos metros dominando las nubes que no techaban más que a seis mil, y de las cuales solo las altas crestas emergían, pusiste rumbo a Argentina. Las corrientes descendentes dan a veces a los pilotos una rara sensación de malestar. El motor funciona correctamente, pero uno se hunde. Al querer salvar la altitud, uno encabrita al avión; este pierde velocidad y afloja; entonces uno sigue hundiéndose. Uno cede, temiendo ahora haber encabritado demasiado el aparato, se deja uno derivar a la derecha o a la izquierda para adosarse a la cresta favorable, la que recibe los vientos como un trampolín, pero uno sigue hundiéndose. Es el cielo entero el que parece descender. Uno se siente entonces preso en una especie de accidente cósmico. Ya no hay refugio. Se intenta en vano dar media vuelta para alcanzar, hacia atrás, las zonas en que el aire nos sostenía, sólido y pleno como un pilar. Pero ya no hay pilar. Todo se descompone, y uno se desliza en un descalabro universal hacia la nube que sube blandamente y nos absorbe.

—Había estado ya a punto de quedarme bloqueado —nos contabas—, pero eso no me hizo desistir. Se encuentran nubes bajo corrientes descendentes que parecen estables, por la sencilla razón de que a la misma altitud se recomponen indefinidamente. ¡Es todo tan raro en la alta montaña!

»¡Y qué nubes…!

»En cuanto vi que estaba atrapado, solté los mandos, pegándome al asiento para no salir proyectado. Las sacudidas eran tan fuertes que las correas me herían en los hombros y habrían saltado. La escarcha, además, me había privado de todo horizonte instrumental y me hizo rodar como un sombrero desde los seis mil metros hasta los tres mil quinientos.

»A tres mil quinientos entreví una masa negra, horizontal, que me permitió restablecer el avión. Era un estanque que reconocí: la Laguna Diamante. Sabía que se encontraba en el fondo de un embudo, en uno de cuyos flancos se eleva a seis mil novecientos metros el volcán Maipú. Aunque ya me había librado de la nube, estaba todavía cegado por espesos torbellinos de nieve y no podía alejarme del lago sin riesgo de estrellarme contra uno de los flancos del embudo. Di vueltas, pues, en torno a la laguna, a tres mil metros de altitud, hasta consumir todo el combustible. Después de dos horas de aquel tiovivo, fui a posarme y capoté. Cuando conseguí salir del avión, la tempestad me derribó. Me levanté y me derribó de nuevo. De modo que me deslicé bajo la carlinga y cavé un pequeño refugio en la nieve. Me envolví allí con sacos postales y, durante cuarenta y ocho horas, esperé.

»Cuando amainó la tormenta, me puse en marcha. Anduve durante cinco días y cuatro noches.

Pero ¿qué quedaba de ti, Guillaumet? ¡Volvimos a encontrarte, es cierto, pero calcinado, reseco, encogido como una vieja! Aquella misma noche te llevé en avión a Mendoza, donde sábanas blancas se deslizaban sobre ti como un bálsamo. Pero ellas no te curaban. Estorbaba tu cuerpo molido, que volvías y revolvías sin conseguir alojarlo en el sueño. Tu cuerpo no olvidaba las rocas ni las nieves. Ellas te habían marcado. Yo observaba tu cara ennegrecida, tumefacta, parecida a un fruto pasado que ha sido golpeado. Estabas muy feo y miserable, tras haber perdido el uso de tu hermosos útiles de tu trabajo; tus manos permanecían entumecidas, y cuando, para respirar, te sentabas sobre el borde del lecho, tus pies helados colgaban como dos pesos muertos. Ni siquiera habías terminado tu viaje, jadeabas todavía y, cuando te volvías contra la almohada para buscar la paz, entonces una procesión de imágenes que no podías contener, una procesión que se impacientaba entre bastidores, se ponía enseguida en movimiento bajo tu cráneo. Y desfilaba. Y veinte veces empezaba de nuevo el combate contra enemigos que resucitaban de sus cenizas.

Yo te atiborraba de tisanas.

—Bebe, amigo mío.

—Lo que más me ha extrañado..., ya sabes...

Boxeador victorioso, pero marcado por los grandes golpes recibidos, revivías tu extraña aventura. Y te liberabas de ella en citas incoherentes. Y yo te veía, durante tu relato nocturno, caminando sin piola, sin cuerdas, sin víveres, escalando gargantas de cuatro mil quinientos metros, o subiendo a lo largo de paredes verticales, con los pies, las rodillas y las manos sangrando, a cuarenta grados bajo cero. Vaciado poco a poco de tu sangre, de tus fuerzas, de tu razón, avanzabas con una terquedad de hormiga, volviendo sobre tus pasos para rodear el obstáculo, enderezándote otra vez tras cada caída, o remontando de nuevo aquellas de las pendientes que no conducían más que al abismo, no concediéndote, en definitiva, ningún reposo, pues sabías que del lecho de nieve no te habrías levantado.

Y, en efecto, cada vez que resbalabas tenías que levantarte a toda prisa, para no convertirte en una piedra. El frío te petrificaba por momentos, pero, tras haberte concedido, después del aterrizaje forzoso, un minuto de más de descanso, te había costado después poner en movimiento, para poder levantarte, unos músculos muertos.

Así que resistías las tentaciones. «En la nieve —me decías—, se pierde todo instinto de conservación. Después de dos, tres, cuatro días de marcha, ya no se desea más que el sueño. Yo lo deseaba. Pero me decía: Si mi mujer cree que estoy vivo, también creerá que estoy caminando. Los camaradas creen que camino. Todos confían en mí. Y sería un cabronazo si no caminara».

Y caminabas, y con la punta del cortaplumas abrías cada día un poco más el desgarrón de tus zapatos, para que tus pies, que se helaban y se hinchaban, pudiesen seguir cabiendo en ellos.

«Desde el segundo día, mira tú, mi mayor trabajo fue abstenerme de pensar. Sufría demasiado y mi situación era demasiado desesperada. Para tener el valor de seguir, no debía pensar en ella. Desgraciadamente yo controlaba mal mi cerebro, que trabajaba como una turbina. Pero yo aún podía elegir las imágenes. Lo llevaba a la fuerza hasta una película, hasta un libro. Y la película o el libro desfilaban en mi mente a toda velocidad. Pero eso mismo acababa por conducirle a la situación en que me hallaba. Irremisiblemente. Entonces yo lo llevaba de nuevo hacia otros recuerdos...».

Una vez, sin embargo, tras haber resbalado, tendido de bruces sobre la nieve, renunciaste a levantarte. Eras como un boxeador que, vaciado de toda pasión por un golpe, oye caer los segundos uno a uno en un universo extraño, hasta el décimo, que no admite apelación.

«He hecho lo que he podido y no me queda esperanza, ¿para qué obstinarme en este martirio?». Te bastaba cerrar los ojos para que reinara la paz en tu mundo. Para borrar de ese mundo las rocas, los hielos y las nieves. Apenas hubieses cerrado esos párpados milagrosos no habría ya golpes, ni caídas, ni músculos desgarrados, ni hielo ardiente, ni ese peso de la vida que hay que arrastrar cuando uno va uncido como un buey, y esta se hace más pesada que un carro. Disfrutabas ya de ese frío convertido en veneno que, semejante a la morfina, comenzaba a colmarte de beatitud. Tu vida se refugiaba en torno al corazón. Algo dulce y precioso se arrebujaba en tu interior. Tu conciencia abandonaba poco a poco las regiones lejanas de este cuerpo que, bestia hasta entonces ahíta de sufrimientos, participaba ya de la indiferencia del mármol.

Incluso tus escrúpulos se apaciguaban. Nuestras llamadas ya no te alcanzaban o, más exactamente, se convertían para ti en llamadas de ensueño. Respondías, feliz, con una marcha de ensueño, con largos pasos sin obstáculos que te abrían sin esfuerzo las delicias de las llanuras. ¡Con qué facilidad te deslizabas en un mundo que te resultaba tan agradable! Y avaro, decidías, Guillaumet, negarnos tu regreso.

Sin embargo, los remordimientos llegaron desde lo más profundo de tu conciencia. Con el ensueño se mezclaban súbitamente detalles precisos. «Yo pensaba en mi mujer. Mi póliza de seguros le evitaría la miseria. Sí, pero el seguro...».

En caso de desaparición, la muerte legal es diferida en cuatro años. Ese detalle se te apareció, deslumbrante, borrando todas las otras imágenes. Ahora estabas tendido de bruces sobre un fuerte declive de nieve. Tu cuerpo, llegado el verano, rodaría con el lodo hacia una de las mil grietas de los Andes. Tú lo sabías. Pero también sabías que a cincuenta metros delante de ti emergía un peñasco: «Pensé: si me levanto, quizá podré alcanzarlo. Y, si empotro mi cuerpo contra la piedra, cuando llegue el verano, lo encontrarán». Una vez en pie, anduviste dos noches y tres días.

Pero no estabas convencido de poder ir muy lejos.

«Adivinaba el final por muchas señales. Una, por ejemplo: tenía que hacer un alto, cada dos horas más o menos, para cortarme un poco más los zapatos, friccionar con nieve los pies, que se me hinchaban, o simplemente para dejar reposar el corazón. Pero hacia los últimos días iba perdiendo la memoria. A veces, tras andar mucho después de un alto, de pronto recordaba algo: me había dejado atrás alguna cosa. La primera vez se trataba de un guante, ¡y eso era grave con aquel frío! Lo había dejado ante mí y había echado a andar sin recogerlo. Después fue el reloj. Luego el cortaplumas. Enseguida la brújula. A cada parada me empobrecía... Lo que salva es dar un paso. Todavía un paso más. Siempre es el mismo paso el que uno da de nuevo...».

«Lo que he hecho, te lo juro, jamás bestia alguna lo habría hecho». Esta frase, la más noble que conozco, esta frase que sitúa al hombre en el lugar que le corresponde, que le honra, que restablece las verdaderas jerarquías, me volvía de nuevo a la memoria. Te dormías al fin, tu conciencia quedaba abolida, pero ella, al despertar, renacería de ese cuerpo desmantelado, marchito, requemado, e iba de nuevo a dominarlo. El cuerpo, entonces, no es más que una buena herramienta, no es más que un servidor, y ese orgullo de la buena herramienta sabías expresarlo también, Guillaumet: «Privado de alimento, ya te imaginarás que al tercer día de marcha... mi corazón ya estaba bastante débil... Pues bien, a lo largo de un talud vertical sobre el cual yo avanzaba suspendido por encima del vacío, haciendo agujeros para meter los puños, de pronto mi corazón se averió. Vacila unos instantes; vuelve a funcionar. Bate caprichosamente. Presiento que, si vacila un segundo más, yo aflojaré. Me quedo inmóvil y escucho dentro de mí. Jamás, ¿tú me entiendes?, jamás en un avión me sentí tan de cerca aferrado al motor como colgado de mi corazón durante aquellos minutos. Yo le decía: "¡Vamos, un esfuerzo más! Trata de seguir latiendo...". Pero ¡era un corazón de buena calidad! Vacilaba... y siempre partía de nuevo. ¡Si supieras qué orgulloso estaba de este corazón!».

En la habitación de Mendoza en la que te velaba, te dormías, al fin, con un sueño sofocado, y yo pensaba: si se le hablase de su valor, Guillaumet se encogería de hombros. Pero también lo traicionaríamos si celebrásemos su modestia. Él está mucho más allá de esa cualidad mediocre. Si se encoge de hombros es porque es un hombre sensato. Él sabe que, una vez presos de un acontecimiento, los hombres no se asustan de él. A estos, solo les espanta lo desconocido. Pero, para quien lo afronta, ya no se trata de lo desconocido, sobre todo si uno lo observa con esa gravedad tan lúcida. El valor de Guillaumet es, ante todo, fruto de su rectitud.

Su auténtica virtud no reside en ese valor. Su grandeza es sentirse responsable, responsable de sí mismo, del correo aéreo y de los compañeros que esperan. En sus manos, está la pena o la alegría de estos. Responsable de lo nuevo que se edifica, allá entre los vivos, y en lo cual debe participar. Responsable, en la medida de su trabajo, del destino de los hombres.

Es uno de esos seres amplios que aceptan cubrir amplios horizontes con su follaje. Ser hombre es, justamente, ser responsable. Es conocer la vergüenza frente a una miseria que no parecía depender de uno. Es estar orgulloso de una victoria que los compañeros han obtenido. Es sentir, al colocar uno su piedra, que se contribuye a edificar el mundo.

Se quiere confundir a tales hombres con los toreros y los jugadores. Se alaba su desprecio por la muerte. Pero yo me río del desprecio por la muerte. Si no tiene sus raíces en una responsabilidad aceptada, no es más que un signo de pobreza o de exceso de juventud. Yo he conocido a un suicida joven. No recuerdo ya qué cuita de amor le había impulsado a dispararse cuidadosamente una bala en el corazón. No sé a qué tentación literaria había cedido al calzar sus manos con guantes blancos. Pero recuerdo haber sentido ante aquel triste alarde una impresión, no de nobleza, sino de miseria. Así, detrás de aquel rostro amable, bajo aquel cráneo de hombre, nunca hubo nada, nada, tan solo la imagen de alguna tonta muchacha como tantas otras.

Frente a ese destino carente de sentido, me acordaba de una verdadera muerte de hombre. La de un jardinero que me decía: «... Usted sabe... a veces yo sudaba cuando estaba cavando. Mi reumatismo me tiraba de la pierna y yo echaba pestes contra aquella esclavitud. Pues bien, ahora querría poder cavar, cavar la tierra. ¡Cavar! ¡Me parece tan hermoso! ¡Uno es tan libre cuando cava! Y, además, ¿quién va a podar mis árboles?». Dejaba en barbecho una tierra. Dejaba un planeta en barbecho. Estaba ligado por el amor a todas las tierras y a todos los árboles de la tierra. ¡Él era el generoso, el pródigo, el gran señor! Él era, como Guillaumet, el hombre intrépido cuando luchaba en nombre de su Creación contra la muerte.

III

El avión

Qué importa, Guillaumet, que tus jornadas y tus noches de trabajo se vayan en controlar manómetros, en equilibrarte sobre giróscopos, en auscultar jadeos de motores, en apoyarte contra quince toneladas de metal: los problemas que se te plantean son, a fin de cuentas, problemas de hombres, y tú alcanzas de golpe, a pie llano, la nobleza del montañés. Lo mismo que un poeta, sabes saborear el anuncio del alba. ¡Has anhelado tantas veces, desde el fondo del abismo de las noches difíciles, la aparición de ese ramo pálido, de esa claridad que, al este, surge de las tierras negras! Alguna vez, has visto deshelarse ante ti lentamente esa fuente milagrosa, y ella te ha curado cuando creías morirte.

El uso de un instrumento científico no ha hecho de ti un técnico adusto. Me parece que confunden medio y fin aquellos que se espantan demasiado de nuestros progresos técnicos. Quien lucha con la única esperanza de conseguir bienes materiales no cosecha, en efecto, nada que valga la pena vivirse. Pero la máquina no es un fin. El avión no es un fin: es una herramienta. Una herramienta, como el arado.

Si creemos que la máquina daña al hombre es quizá

porque carecemos de perspectiva para juzgar los efectos de las transformaciones tan rápidas que hemos vivido. ¿Qué son cien años de historia de la máquina con respecto a doscientos mil años de la historia del hombre? Acabamos apenas de instalarnos en este paisaje de minas y de centrales eléctricas. Apenas si comenzamos a habitar esta nueva casa que aún no hemos siquiera terminado de construir. ¡Todo ha cambiado tan deprisa a nuestro alrededor: relaciones humanas, condiciones de trabajo, costumbres! Nuestra misma psicología ha sido removida en sus bases más íntimas. Las nociones de separación, de ausencia, de distancia, de regreso, aunque sigan expresándose con las mismas palabras, no contienen ya las mismas realidades. Para asir el mundo de hoy, usamos un lenguaje que fue establecido por el mundo de ayer. Y la vida del pasado nos parece responder mejor a nuestra naturaleza, por la sola razón de que responde mejor a nuestro lenguaje.

Cada progreso nos ha ido alejando cada vez más de hábitos que apenas habíamos adquirido, y así nos convierte en verdaderos emigrantes que no han fundado todavía su patria.

Somos jóvenes bárbaros a quienes maravillan aún los nuevos juguetes. Nuestros concursos de aviación no tienen otro sentido. Este sube a más altura, vuela más deprisa. Olvidamos por qué le hacemos volar tan rápido. La carrera le lleva provisionalmente hacia un objeto. Y siempre ocurre igual. Para el colonial que funda un imperio, el sentido de la vida está en conquistar. El soldado desprecia al colono.

Pero el objeto de la conquista, ¿no era el establecimiento de ese colono? Así, en la exaltación de nuestros progresos, nos hemos servido de los hombres para construir vías férreas y fábricas y perforar pozos de petróleo. Y casi olvidamos que erigíamos estas construcciones para servir a los hombres. Nuestra moral fue, durante la conquista, una moral de soldados. Pero nos hace falta ahora colonizar. Necesitamos dar vida a esta nueva casa que todavía no tiene rostro. Para uno, la verdad consistía en construir; para otro, en habitar.

Poco a poco, nuestra casa se hará sin duda más humana. Cuanto más se perfecciona, la máquina tiende a desvanecerse tras su cometido. Se diría que todo el esfuerzo industrial del hombre, todos sus cálculos, todas sus noches de vigilia sobre los planos solo condujeran, como signo visible, a la simplicidad, como si fuese necesaria la experiencia de muchas generaciones para despejar poco a poco la curva de una columna, de una quilla o de un fuselaje de avión hasta conseguir darles esa pureza original propia de la curva de un seno o de un hombro. Se diría que el trabajo de los ingenieros, de los dibujantes, de los analistas de la oficina de estudios consistiera únicamente en pulir, alisar, suavizar un enlace, equilibrar un ala hasta que no se note, hasta que no haya un ala ensamblada a un fuselaje, sino una forma perfectamente desarrollada, desprendida por fin del cuerpo del ave, una especie de conjunto espontáneo misteriosamente ligado, de igual calidad que la de un poema. Se diría que la perfección se ha alcanzado, no cuando ya no hay nada que añadir, sino cuando ya no hay nada que suprimir. Al final de su evolución, la máquina se disimula.

La perfección de la invención linda así con la ausencia de invención. Y así como, en el instrumento, se desvanece poco a poco toda mecánica aparente, y el objeto que en él se nos ofrece tiene la traza natural de un guijarro pulido por el mar, así, en el uso mismo de la máquina, es igualmente admirable que esta también termine olvidándose.

Antes trabajábamos con un mecanismo complejo. Pero actualmente nos olvidamos de que un motor gira. Simplemente responde a su función, que es la de girar, al igual que tampoco prestamos atención a los latidos de nuestro corazón. Esa atención no es ya absorbida por la herramienta en sí. Más allá de esta, y a través de ella, lo que hallamos es esa antigua naturaleza, la del jardinero, del navegante o la del poeta.

Cuando el piloto despega, es con el agua y con el aire con lo que entra en contacto; cuando los motores arrancan, cuando el aparato surca el mar y el casco suena como un gong contra un duro golpe de agua encrespada, y el hombre siente cómo se sacuden sus riñones. Siente cómo el hidroavión, segundo a segundo, a medida que gana en velocidad, se carga de poder. Siente cómo, en esas quince toneladas de distintas materias, se prepara esa madurez que permite el vuelo. El piloto agarra con fuerza los mandos y poco a poco en sus palmas ahuecadas recibe ese poder como un don. Y, a medida que ese don le es concedido, los órganos de metal de los mandos se convierten en los mensajeros de esa potencia. Y cuando esta ha madurado, con un movimiento más suave que el de recoger una flor, el piloto separa el avión de las aguas y lo instala en el aire.

IV

El avión y el planeta

1

El avión es una máquina, sin duda, pero ¡qué instrumento de análisis! Este instrumento nos ha hecho descubrir el verdadero rostro de la tierra. Durante siglos, en efecto, nos han engañado los caminos reales y las carreteras. Nos parecíamos a aquella soberana que quiso visitar a sus súbditos para saber si estaban satisfechos en su reino. Sus cortesanos, para engañarla, dispusieron a lo largo de su camino algunos decorados festivos y pagaron a figurantes para que danzasen. Fuera de aquel delgado hilo conductor, ella no entrevió nada de su reino, y no supo que en el campo aquellos que morían de hambre la maldecían.

Así es como nosotros caminábamos a lo largo de las rutas sinuosas. Estas evitan las tierras estériles, las rocas, las arenas, se desposan con las necesidades del hombre y van de manantial en manantial. Conducen a los campesinos desde sus granjas hasta los trigales, acogen en el umbral de los establos al ganado aún medio dormido y lo dispersan al amanecer en campos de alfalfa. Enlazan tal pueblecillo con tal otro, porque del uno al otro se conciertan bodas. Y, aun cuando una de esas rutas se aventura a franquear un desierto, veréis que hace mil rodeos para solazarse en los oasis.

Así, engañados por sus inflexiones como por otras tantas mentiras indulgentes, tras costear en el curso de nuestros viajes tantas tierras bien regadas, tantos vergeles, tanta pradería, hemos embellecido durante mucho tiempo la imagen de nuestra prisión. E incluso creímos que este planeta era húmedo y tierno.

Pero nuestra vista se ha agudizado y hemos hecho un progreso cruel. Con el avión aprendimos la línea recta. Apenas hemos despegado dejamos los caminos que se inclinan hacia los abrevaderos y los establos, o serpentean de ciudad en ciudad. Redimidos desde ese momento de servidumbres bien amadas, libres de la necesidad de las fuentes, ponemos rumbo a nuestras metas lejanas. Solo entonces, desde lo alto de nuestras trayectorias rectilíneas, descubrimos el basamento esencial, el asiento de rocas, de arena y de sal en el que, algunas veces, la vida se arriesga a florecer, al igual que un poco de musgo entre los huecos de las ruinas.

Henos, pues, reconvertidos en físicos, biólogos, examinando esas civilizaciones que adornan el fondo de un valle y que a veces, por milagro, se desenvuelven como parques allí donde el clima las favorece. Henos, pues, juzgando al hombre a escala cósmica, observándolo a través de nuestras ventanillas, como a través de los instrumentos de estudio. Henos, pues, releyendo nuestra historia.

2

El piloto que se dirige hacia el estrecho de Magallanes vuela, un poco al sur de Río Gallegos, sobre una antigua oleada de lava. Esos escombros pesan sobre la llanura con sus veinte metros de espesor. Después encontrará una segunda oleada, una tercera, y, de ahí en adelante, cada giba del suelo, cada cerro de doscientos metros, lleva su cráter en el flanco. Nada de Vesubio orgulloso: casi a nivel del llano, boquetes de obuses. Pero actualmente todo está en calma. Sorprende ese silencio en ese paisaje desabrido, en el que mil volcanes se respondían antes unos a otros con sus grandes órganos subterráneos, cuando escupían fuego. Y uno vuela ahora sobre una tierra muda, adornada de glaciares negros.

Pero, más lejos, volcanes más antiguos están vestidos ya de un césped de oro. A veces un árbol brota en su hueco como una flor en un pote viejo. Bajo una luz de color vespertino, la llanura resulta fastuosa como un parque, civilizada por la hierba corta, y ya no se abomba, tan solo un poco en torno a las gigantes fauces. Una liebre sale disparada, un pájaro alza el vuelo, la vida ha tomado posesión de un planeta nuevo, en que por fin la buena pasta de la tierra se ha depositado sobre el astro.

Al final, un poco antes de Punta Arenas los últimos

cráteres se ven colmados. Un césped tupido desposa las curvas de los volcanes: estos no son ahora ya más que dulzura. Cada fisura es recosida por ese lino tierno. La tierra es lisa, con débiles declives, y uno se olvida de su origen. El césped borra del flanco de las colinas el signo sombrío.

Y he aquí la ciudad más meridional del mundo, nacida por azar de un poco de barro, entre las lavas originales y los hielos australes. Aquí, tan cerca de las negras oleadas de lava, ¡cómo se siente el milagro del hombre! ¡Extraño encuentro! No se sabe cómo, no se sabe por qué este pasajero visita esos jardines preparados, habitables por un tiempo tan corto, una época geológica, un día bendito entre los días.

He aterrizado en la dulzura del atardecer. ¡Punta Arenas! Me reclino contra una fuente y miro a las muchachas. Estando tan cerca de la gracia que desprenden, siento con mayor intensidad el misterio humano. En un mundo en el que la vida se une tan bien a la vida, en que las flores en el lecho mismo del viento se mezclan con las flores, en que el cisne conoce a todos los cisnes, solo los hombres construyen su soledad.

¡Qué espacio se reserva entre ellos su parte espiritual! Un sueño de muchacha la aísla de mí. ¿Cómo alcanzarla en él? ¿Qué puede uno conocer de una muchacha que vuelve a su casa a pasos lentos, los ojos bajos, sonriéndose a sí misma y llena de fantasías y de mentiras adorables? Con los pensamientos, la voz y los silencios de un amante ella ha podido crearse un reino, y desde entonces, fuera de este, para ella, solo hay bárbaros. Siento que está confinada, no en otro planeta, sino en su secreto, en sus costumbres, en los ecos cantantes de su memoria. Nacida ayer de los volcanes, del césped o de la salmuera de los mares, hela aquí ya semidivina.

¡Punta Arenas! Me reclino contra una fuente. Vienen ancianas por agua; de su drama no conoceré más que ese movimiento de sirvientes. Un niño, la nuca contra el muro, llora en silencio; en mi recuerdo, tan solo quedará de él la imagen de un hermoso niño para siempre inconsolable. Yo soy un extranjero. Yo no sé nada. Yo no formo parte de sus imperios.

¡En qué endeble decorado se representa este vasto juego de los odios, de las amistades, de las alegrías humanas! ¿De dónde sacan los hombres este gusto de eternidad, inestables como están sobre una lava todavía tibia y ya amenazados por las arenas futuras, amenazados por las nieves? Sus civilizaciones no son más que frágiles sobredorados: los borra un volcán, un mar nuevo, un viento de arena.

Esta ciudad parece reposar sobre un verdadero suelo que se cree rico en profundidad como una tierra de Beocia. Se olvida que la vida, ahí como en otro lado, es un lujo, y que no hay, en parte alguna, tierra demasiado profunda bajo el paso de los hombres. Pero yo conozco, a diez kilómetros de Punta Arenas, un estanque que nos lo demuestra. Cercado de árboles achaparrados y de casas bajas, humildísimo como una charca en un corral de alquería, sufre inexplicablemente las mareas; prosiguiendo noche y día su lenta respiración entre tantas realidades apacibles —esos cañaverales, esos niños que juegan—, él obedece a otras leyes. Bajo la superficie soldada, bajo el hielo inmóvil, bajo el único barco ruinoso, la energía de la luna opera. Los remolinos de mar trabajan en sus profundidades esa masa negra. Extrañas digestiones tienen lugar allí, y hasta el estrecho de Magallanes, bajo la leve capa de hierba y de flores. Esa charca de cien metros de ancho, en el umbral de una ciudad donde uno se cree en su casa, bien establecido sobre la tierra de los hombres, late con el pulso del mar.

3

Nosotros habitamos un planeta errante. De tiempo en tiempo, gracias al avión, nos muestra su origen —una charca en relación con la luna revela parentescos ocultos—, pero yo lo he reconocido en otros signos.

De vez en cuando, sobre la costa del Sáhara, entre Cabo Juby y Cisneros, se vuela sobre mesetas en forma de tronco de cono, cuya anchura varía entre algunas centenas de pasos y una treintena de kilómetros. Su altitud, notablemente uniforme, es de trescientos metros. Pero, además de tener un mismo nivel, presentan los mismos tintes, el mismo grano en su suelo, el mismo modelado de sus acantilados. Lo mismo que las columnas de un templo que sobresalen solas de la arena muestran aún los vestigios de un techo que se ha desmoronado, así esos pilares solitarios dan testimonio de una vasta meseta que en otro tiempo los unía.

En el curso de los primeros años de la línea Casablanca-Dakar, en la época en la que el material era frágil, las averías, la búsqueda de compañeros perdidos y los salvamentos nos obligaban a menudo a aterrizar en territorio disidente. Ahora bien, la arena es engañosa: se la cree firme y uno se hunde en ella. En cuanto a las antiguas salinas, aunque parecen presentar la rigidez del asfalto, y suenan a duro bajo los talones, ceden a veces al peso de las ruedas. La blanca costra de sal se quiebra entonces sobre la fetidez de una ciénaga negra. Así, cuando las circunstancias lo permitían, preferíamos las superficies lisas de esas mesetas: ellas nunca ocultaban trampas.

Esta garantía era debida a la presencia de una arena resistente, de granos gruesos, de enormes acumulaciones de minúsculas conchas. Intactas aun en la superficie de la meseta, se las veía fragmentadas y aglomeradas a medida que uno descendía a lo largo de una arista. En el depósito más antiguo, en la base del macizo, constituían ya caliza pura.

Durante la época en la que unos compañeros, Reine y Serre, estaban en poder de los disidentes, sucedió que, tras aterrizar sobre uno de esos refugios para dejar a un mensajero moro, ambos buscábamos, antes de dejarlo, un camino por donde yo pudiese descender. Pero nuestra terraza conducía, en todas direcciones, a un acantilado que caía verticalmente, con pliegues de colgadura, en el abismo. Toda evasión era imposible.

Y, sin embargo, antes de despegar para buscar otro campo, me detuve algún tiempo allí. Experimentaba una alegría quizá pueril en señalar con mis pasos un territorio que nadie, bestia u hombre, nunca había hollado todavía. Ningún moro habría podido lanzarse al asalto de aquel fuerte. Ningún europeo había explorado jamás aquel territorio. Con mis zancadas, yo medía una arena infinitamente virgen. Era el primero en escurrir entre mis manos, como un oro precioso, aquel polvo de conchas menudas. El primero en turbar aquel silencio. Sobre esa especie de banca polar que, en toda la eternidad, no había formado una sola brizna de hierba, yo era, como una simiente traída por los vientos, el primer testimonio de vida.

Una estrella lucía ya, y yo la contemplaba.

Pensaba que esa superficie blanca solo se había ofrecido a los astros desde hacía cientos de miles de años. Mantel inmaculado tendido bajo el cielo puro. Y sentí, como en el umbral de un gran descubrimiento, que se me encogía el corazón cuando vi sobre ese mantel, a quince o veinte metros de mí, un guijarro negro.

Me hallaba sobre trescientos metros de espesor de conchas. La enorme capa se oponía íntegramente, como una prueba perentoria, a la presencia de toda piedra. Quizá unos sílex dormían en las profundidades subterráneas, salidos de las lentas digestiones del globo, pero ¿qué milagro había hecho surgir uno de ellos hasta aquella superficie demasiado nueva? Con el corazón desbocado recogí mi hallazgo; un guijarro duro, negro, del tamaño de un puño, pesado como el metal y fundido en forma de lágrima.

Un mantel tendido bajo un manzano no puede recibir más que manzanas. Un mantel tendido bajo las estrellas no puede recibir más que polvo de astros: jamás aerolito alguno había mostrado su origen con tanta evidencia.

Y, naturalmente, levanté la cabeza y pensé que de lo alto de aquel manzano celeste debían de haber caído otros frutos. Puesto que en el transcurso de miles de años nada había podido trastrocarlos, yo los encontraría en el punto mismo de su caída. Pue, además, no se confundirían con otros materiales. Y, enseguida, me fui de exploración para comprobar mi hipótesis. Y se confirmó. Coleccioné mis hallazgos a razón de una piedra por hectárea, aproximadamente. Siempre ese mismo aspecto de lava petrificada. Siempre aquella dureza de diamante negro. Y yo asistía así, en un impactante hatajo, desde lo alto de mi pluviómetro de estrellas, al sorprendente resumen de un lento chaparrón de fuego.

4

Pero lo más maravilloso era que hubiese allí, de pie sobre la espalda redonda del planeta, entre esa sábana imantada y aquellas estrellas, una conciencia de hombre en la cual esa lluvia pudiera reflejarse como en un espejo. Sobre un lecho de minerales, un sueño es un milagro. Y yo me acuerdo de un sueño…

Una vez, náufrago como ahora en una región de arena espesa, esperaba yo el alba. Las colinas de oro ofrecían, bajo la luna, sus vertientes luminosas, y las vertientes de sombra subían hasta las lindes de esas parcelas la luz. Sobre esa cantera desierta de sombra y de luna, reinaba una paz de trabajo suspendido, y también un silencio de acecho, en cuyo corazón me adormecí.

Cuando me desperté, solo vi el cuenco del cielo nocturno, pues estaba tumbado sobre una cresta, los brazos en cruz, de cara al vivero de estrellas. Aún no comprendía qué profundidades eran aquellas, así que fui presa del vértigo, sin raíz que me retuviese, sin techo, sin una rama de árbol entre aquellas profundidades y yo, desligado y entregado ya a la caída como un buzo.

Pero no caí. De la nuca a los talones me descubrí anudado a la tierra. Y experimenté una especie de apaciguamiento abandonándole mi peso. La gravedad se me aparecía soberana como el amor.

Sentía que la tierra apuntalaba mis riñones, me sostenía, me levantaba, me transportaba en el espacio nocturno. Me veía ceñido al astro por una pesantez semejante a la que nos ciñe a un coche en las curvas, disfrutaba de ese apoyo admirable, esa solidez, esa seguridad, y adivinaba bajo mi cuerpo el puente curvo de mi navío.

Tenía hasta tal punto conciencia de ser transportado que habría oído, sin sorprenderme, subir del fondo de las tierras la queja de los materiales que se reajustan en el esfuerzo, ese gemido de los viejos veleros que se inclinan debido al fuerte viento, ese grito largo y agrio que hacen las barcazas cuando se les impiden el paso. Pero continuaba el silencio en el espesor de las tierras. Pero esa pesantez se revelaba en mis hombros armoniosa, sostenida, igual para toda la eternidad. Yo habitaba ciertamente esa patria como el cuerpo de los galeotes muertos, lastrados de plomo, habita el fondo de los mares.

Y meditaba sobre mi condición, perdido en el desierto y amenazado, desnudo entre la arena y las estrellas, separado de los polos de mi vida por demasiado silencio. Pues, para alcanzarlos, tendría que emplear seguramente días, semanas, meses, si algún avión no me encontraba —y siempre que los moros, al día siguiente, no me asesinasen—. Allí yo no poseía nada en el mundo. Era tan solo un mortal perdido entre la arena y las estrellas, consciente de que seguía respirando, mi único alivio...

Y, sin embargo, me descubrí lleno de ensueños. Aparecieron sin hacer ruido, como aguas de manantial. Y no comprendí al principio esa paz que me invadía. No hubo voces ni imágenes, sino el sentimiento de una presencia, de una amistad muy próxima y a medias adivinada. Después comprendí y me abandoné, los ojos cerrados, al hechizo de mi memoria.

En alguna parte, había un parque lleno de pinos negros y de tilos y una vieja casa que yo amaba. Poco importa que estuviese lejos o cerca, que no pudiese ni calentar mi cuerpo ni abrigarme, reducido allí al papel de un sueño: bastaba que existiese para llenar mi noche con su presencia. Yo no era ya ese cuerpo náufrago sobre un arenal, me orientaba, era el hijo de aquella casa, lleno del recuerdo de sus aromas, lleno de la frescura de sus vestíbulos, lleno de las voces que la habían animado. Y hasta del canto de las ranas de los charcos, que hasta allí llegaban para acompañarme. Tenía necesidad de esas mil referencias para reconocerme, para descubrir de qué ausencias estaba hecho el gusto de ese desierto, para encontrar un sentido a ese silencio hecho de mil silencios, en que las ranas mismas se callaban.

No, no me alojaba ya entre la arena y las estrellas. No recibía ya del decorado más que un mensaje frío. E incluso descubría ahora el origen de ese sabor de eternidad que había creído hallar en él. Volvía a ver los grandes armarios solemnes de la casa. Se entreabrían dejando ver pilas de sábanas blancas como la nieve. O provisiones frescas entre nieve. La vieja ama de llaves trotaba como una rata de uno a otro, siempre inspeccionando, desdoblando, volviendo a doblar, contado una y otra vez la ropa lavada, exclamando: «¡Oh, Dios mío, qué desgracia!» a cada señal de un deterioro que amenazaba la eternidad de la casa, corriendo enseguida a consumirse los ojos, bajo alguna lámpara, en reparar la trama de esos paños de altar, en remendar esas velas de bergantín, en servir algo, no sé qué, Dios o navío, más grande que ella.

¡Ah! yo te consagro gustoso una página. Cuando regresaba de mis primeros viajes, mademoiselle, volvía a encontrarte, la aguja en la mano, sumergida hasta las rodillas en tus sobrepellices blancas y, cada año, un poco más arrugada, un poco más encanecida, preparando siempre con tus manos sábanas lisas para nuestro sueño, manteles sin costuras para nuestras comidas, fiestas de cristales y de luz. Yo te visitaba en tu ropería, me sentaba frente a ti, te contaba que había estado en peligro de muerte para conmoverte, para abrirte los ojos al mundo, para corromperte. Yo no había cambiado apenas, decías. De niño, yo agujereaba ya mis camisas —¡oh, qué desgracia!— y me desollaba las rodillas; después volvía a casa para que me las curasen, como esa noche. Pero ¡no, mademoiselle! ¡No era ya desde el fondo del parque desde donde yo volvía, sino del fin del mundo, y traía conmigo el olor acre de las soledades, el torbellino de los vientos de arena, las lunas resplandecientes de los trópicos! Ciertamente, me decías, los muchachos corren, se rompen los huesos y se creen muy fuertes. Pero no, mademoiselle, yo he visto más allá de ese parque. ¡Si supieras qué poca cosa son estas umbrías! ¡Qué perdidas parecen ante las arenas, los granitos, las selvas vírgenes, los pantanos de la tierra! ¿Sabes, al menos, que hay territorios donde los hombres te apuntan enseguida con su carabina si te encuentran? ¿Acaso sabes que hay desiertos en que se duerme, en la noche helada, sin techo, mademoiselle, sin cama, sin sábanas…?

«¡Ah, eres un salvaje!», decías tú.

Yo no hacía en su fe más mella de la que habría hecho

en la fe de una monja. Y compadecía su humilde destino, que la hacía ciega y sorda...

Pero aquella noche, en el Sáhara, desnudo entre la arena y las estrellas, le hice justicia.

No sé lo que pasa en mí. Esa pesantez me liga al suelo cuando tantas estrellas están imantadas. Otra pesantez me conduce a mí mismo. ¡Siento que mi peso me tira hacia tantas cosas! Mis sueños son más reales que esas dunas, que esa luna, que esas presencias. ¡Ah!, lo maravilloso de una casa no es que ella nos abrigue, que nos caliente, ni que uno sea dueño de sus muros. Sino más bien que haya depositado lentamente en nosotros estas provisiones de dulzura. Que forme, en el fondo del corazón, ese macizo oscuro del cual nacen los sueños como aguas de manantial...

¡Oh, Sáhara, mi Sáhara, hete aquí todo entero encantado por una hilandera!

V

Oasis

Os he hablado tanto del desierto que antes de hablaros nuevamente de él me gustaría describir un oasis. Aquel cuya imagen me acude ahora no está perdido en el fondo del Sáhara. Pero otro milagro del avión es que se hunde directamente en el corazón del misterio. Eres ese biólogo que estudia el hormiguero humano a través del tragaluz; consideras, desde un corazón insensible, esas ciudades asentadas en su llanura, en el centro de sus rutas que se abren en estrella y las alimentan, como arterias, del jugo de los campos. Pero una aguja ha temblado sobre un manómetro y esa espesura verde, allá abajo, se ha convertido en un universo. Eres el prisionero de un césped en un parque adormecido.

No es la distancia lo que mide la lejanía. El muro de un jardín de nuestra casa puede encerrar para nosotros más secretos que la muralla de China, y el alma de una muchacha está mejor protegida por su silencio que lo están, por el espesor de las arenas, los oasis saharianos.

Relataré una corta escala en alguna parte del mundo. Era cerca de Concordia, en Argentina, pero habría podido tratarse de otro lugar: el misterio se expande por todas partes.

Había aterrizado en un campo y no sabía que iba a vivir un cuento de hadas. Aquel viejo Ford que conducía no tenía nada de particular, ni aquella pareja apacible que me había recogido.

—Le alojaremos esta noche...

Pero en un recodo de la ruta se desplegó, al claro de luna, un bosquecillo de árboles y, detrás de los árboles, aquella casa. ¡Qué extraña casa! Achaparrada, maciza, casi una ciudadela! Castillo de leyenda, que ofrecía, desde que se franqueaba el porche, un abrigo tan apacible, tan seguro, tan protegido como un monasterio.

Entonces aparecieron dos muchachas. Me contemplaron gravemente como dos jueces apostados en el umbral de un reino prohibido: la más joven hizo una mueca y golpeó el suelo con una vara de madera verde; después, hechas las presentaciones, las dos me tendieron las manos sin mediar una palabra, con un aire de extraño desafío y desaparecieron.

Aquello me divirtió, y también me encantó. Todo resultaba simple, silencioso y furtivo como la primera palabra de un secreto.

—¡Ah! Ellas dos son salvajes —dijo sencillamente el padre. Y entramos.

Me gustaba, en el Paraguay, esa hierba irónica que muestra la nariz entre el pavimento de la capital, que, desde la selva virgen invisible pero presente, viene a ver si los hombres están todavía en la ciudad, si no ha llegado la hora de sacudir un poco todas aquellas piedras. Me gustaba esa forma de ruina que no expresa sino una riqueza demasiado grande. Pero en aquella casa me sentí maravillado.

Pues todo allí se hallaba en un estado ruinoso, y de una forma adorable, al modo de un viejo árbol cubierto de musgo, al que la edad ha agrietado un poco, al modo del banco de madera en que los enamorados van a sentarse durante diez generaciones. Las maderas estaban gastadas; los batientes, carcomidos; las sillas, patiestevadas. Pero, si bien no se reparaba nada, se limpiaba con fervor. Todo estaba limpio, encerado, brillante.

El salón presentaba una faz de intensidad extraordinaria, como la de una vieja con arrugas. Grietas de los muros, desgarraduras del techo, yo lo admiraba todo; pero lo que más me fascinaba era aquel entarimado hundido aquí, oscilante allá, como una pasarela, pero siempre aliñado, barnizado, lustrado. Curiosa casa; no evocaba ninguna negligencia, ningún abandono, sino un extraordinario respeto. Cada año añadía, sin duda, alguna cosa a su encanto, a la complejidad de su rostro, al fervor de su atmósfera amistosa, y también, por otra parte, a los peligros del viaje que era preciso emprender para pasar del salón al comedor.

—¡Cuidado!

Era un agujero. Me comentaron que en semejante agujero me habría roto fácilmente las piernas. Nadie era responsable de aquel agujero: era obra del tiempo. Tenía un aire muy señorial aquel soberano desprecio por toda excusa. No me decían: «Podríamos tapar todos estos agujeros, somos ricos, pero...». No me decían tampoco —lo que era sin embargo verdad—: «Nosotros alquilamos esto a la ciudad por treinta años. A ella le incumben las reparaciones. Cada uno se obstina...». Se desdeñaban las explicaciones, y esa soltura me encantaba. A lo sumo, se me hizo observar:

—¡Oh!, está esto un poco deteriorado...

Pero con un tono tan ligero que yo sospechaba que mis amigos no se entristecían demasiado por ello. ¿Se imaginan ustedes a un equipo de albañiles, carpinteros, ebanistas, revocadores instalar en un lugar antiguo como aquel sus herramientas sacrílegas y rehacerles en ocho días una casa que no habrían reconocido luego, en la que se creerían de visita? ¿Una casa sin misterios, sin escondrijos, sin trampas bajo los pies, sin sótanos, una especie de salón de ayuntamiento?

Era natural que hubieran desaparecido las muchachas en esa casa donde uno podía ocultarse fácilmente. ¡Cómo serían los graneros, cuando el salón contenía ya las riquezas de un granero! ¡Cuando ya allí se adivinaba que, de cualquier alacena entreabierta, se desplomarían legajos de cartas amarillentas, recibos del bisabuelo, más llaves que cerraduras existen en la casa, y de las cuales, naturalmente, ninguna se adaptaría a cerradura alguna! Llaves maravillosamente inútiles, que confunden la razón y que hacen soñar con subterráneos, cajas de caudales enterradas, luises de oro.

—¿Le parece que nos sentemos a la mesa?

Pasamos a la mesa. De una pieza a otra, yo respiraba, esparcido como un incienso, ese olor de vieja biblioteca que vale por todos los perfumes del mundo. Y sobre todo me gustaba el transporte de las lámparas. Verdaderas lámparas pesadas que se acarreaban de una habitación a otra como en los más lejanos tiempos de mi infancia, y que reflejaban en los muros sombras maravillosas, suscitando en ellas ramos de luz y palmas negras. Después, una vez la lámpara en su sitio, se inmovilizaban las playas de claridad y esas vastas reservas de noche, todo alrededor, en las que crujían las maderas.

Las dos muchachas reaparecieron de forma tan misteriosa y silenciosa como se habían desvanecido. Se sentaron a la mesa con gravedad. Habían, sin duda, alimentado a sus perros, a sus pájaros, habían abierto sus ventanas a la noche clara, y disfrutado del viento del anochecer, del olor de las plantas. Ahora, al desplegar sus servilletas, me vigilaban de reojo con prudencia, preguntándose si me colocarían o no en el número de sus animales familiares. Pues ellas poseían también una iguana, una mangosta, un zorro, un mono y abejas. Todo eso vivo, mezclado, entendiéndose de maravilla, componiendo un nuevo paraíso terrenal. Reinaban sobre todos los animales de la creación, encantándoles con sus pequeñas manos, alimentándoles, abrevándoles y contándoles historias que, desde la mangosta hasta las abejas, todos escuchaban.

Y suponía que esas dos muchachas tan vivas pondrían todo su espíritu de crítica, toda su finura en hacer sobre su vecino de mesa un juicio rápido, secreto y definitivo. En mi infancia, mis hermanas atribuían así notas a los invitados que honraban por primera vez nuestra mesa, y, cuando la conversación decaía, se oía a menudo en el silencio resonar un:

—¡Once!

Del cual nadie, salvo mis hermanas y yo, apreciaba la gracia.

Mi experiencia de este juego me turbaba un poco. Y estaba tanto más incómodo por sentir a mis jueces tan avispados. Jueces que sabían distinguir las bestias tramposas de las bestias ingenuas, que sabían leer en el paso de un zorro si este se halla o no de humor abordable, que poseían un conocimiento tan profundo de los movimientos interiores.

Me gustaban aquellos ojos tan aguzados, aquellas almitas tan rectas, pero cuánto habría preferido que cambiasen de juego. No obstante, y por miedo del «once», yo les tendía servilmente la sal, les escanciaba el vino, pero volvía a encontrar, al levantar los ojos, su dulce gravedad de jueces que no se dejan comprar.

La adulación también habría sido inútil: ignoraban la vanidad. La vanidad, pero no el hermoso orgullo, y tenían una opinión de sí mismas, sin necesidad de mi ayuda, mucho más alta de la que yo habría osado decirles. No soñaba siquiera en sacar partido de mi oficio, pues también es audaz, de otra manera, izarse hasta las últimas ramas de un plátano, y eso simplemente para comprobar que la nidada de pájaros va echando bien la pluma, o para dar los buenos días a los amigos.

Y mis dos hadas silenciosas vigilaban tan bien y tan constantemente mi comida, me encontraba tan a menudo con su mirada furtiva que cesé de hablar.

Se hizo un silencio y durante ese silencio algo silbó ligeramente sobre el entarimado, zumbó bajo la mesa, después se calló. Yo levanté los ojos, con expresión intrigada. Entonces, satisfecha sin duda de su examen, pero usando de la última piedra de toque y mordiendo el pan con sus jóvenes dientes salvajes, la menor me explicó simplemente, con un candor con que, por lo demás, esperaba dejar estupefacto al bárbaro, si en efecto yo lo era:

—Son las víboras.

Y se calló satisfecha, como si la explicación hubiera debido bastar a cualquiera que no fuese demasiado estúpido. Su hermana echó una rápida ojeada para juzgar mi primer movimiento, y las dos inclinaron hacia su plato la cara más dulce e ingenua del mundo.

—¡Ah…! Son las víboras…

Naturalmente, estas palabras se me escaparon. Aquello que se había deslizado entre mis piernas, aquello que se había frotado contra mis pantorrillas, eran víboras…

Felizmente para mí, sonreí. Y sin sentirme obligado: ellas lo habrían notado. Sonreí porque estaba alegre, porque aquella casa, decididamente, cada vez me gustaba más; y porque experimentaba también el deseo de saber algo más sobre las víboras. La mayor vino en mi ayuda:

—Tienen su nido en un agujero, debajo de la mesa.

—Hacia las diez de la noche vuelven —añadió la hermana—. Por el día cazan.

A mi vez, yo miraba a hurtadillas a aquellas muchachas. Su finura, su risa silenciosa detrás del apacible rostro. Y admiraba esa soberanía que ellas ejercían...

Ahora sueño con ello. Todo aquello queda muy lejos. ¿Qué ha sido de esas dos hadas? Se han casado, sin duda. Pero entonces ¿habrán cambiado? ¡Es tan grave pasar del estado de muchachas al de mujer! ¿Qué hacen en una casa nueva? ¿Qué ha sido de sus relaciones con las hierbas locas y las serpientes? Ellas eran parte de algo universal. Pero llega un día en que la mujer se despierta en la niña. Se sueña con alcanzar los diecinueve. Los diecinueve pesan en el fondo del corazón. Entonces un imbécil se presenta. Por primera vez, ojos tan agudos se engañan y se iluminan de bellos colores. Al imbécil, si dice versos, se le cree un poeta. Se cree que comprende los entarimados con agujeros, se cree que le gustan las mangostas. Se cree que le halaga la confianza de una víbora que se cimbrea bajo la mesa entre las piernas. Se le da el corazón, que es un jardín salvaje, a él, que solo ama los parques cuidados. Y el imbécil se lleva consigo a la princesa como esclava.

VI

En el desierto

1

Esas delicias nos estaban vedadas cuando, durante semanas, meses, años, siendo pilotos en la línea del Sáhara, nos hallábamos prisioneros de los arenales, navegando de un fortín a otro sin regresar. Ese desierto no ofrecía tales oasis, jardines y muchachas, ¡tan solo era una leyenda! Claro que, muy lejos, allá donde volveríamos a vivir una vez acabado nuestro trabajo, mil muchachas nos esperaban. Seguro que allá lejos, entre sus mangostas y sus libros, ellas se componían con paciencia almas sabrosas. Seguro que se embellecían...

Pero yo conozco la soledad. Tres años de desierto me han enseñado bien su sabor. No se espanta uno allí de ver pasar la juventud en un paisaje mineral; más bien parece que es el mundo entero el que envejece lejos de nosotros. Los árboles han formado sus frutos, ha brotado en las hierbas el trigo, están ya hermosas las mujeres. Pero la estación avanza, habría que apresurarse a volver... Pero la estación avanza y uno continúa lejos... Y los bienes de la tierra se deslizan entre los dedos como la fina arena de las dunas.

En general, los seres humanos no advierten el paso del tiempo. Viven en una paz provisional. Pero he aquí que nosotros lo experimentábamos, una vez ganada la escala, cuando pesaban sobre nosotros esos vientos alisios siempre en marcha. Éramos semejantes a ese viajero de ese tren que circula rápido, con el incesante ruido de los ejes que baten en la noche, y que adivina en los haces de luz que desfilan tras los cristales el fluir de los campos, de sus aldeas, de sus dominios encantados, de los que nada puede retener porque va de viaje. Nosotros también, animados por una fiebre ligera, silbantes todavía los oídos por el ruido del vuelo, nos sentíamos en ruta a pesar del sosiego de la escala. Nos reconocíamos también llevados por los latidos de nuestros corazones hacia un porvenir ignorado, a través del empuje de los vientos. Al desierto se añadía el territorio disidente. Las noches de Cabo Juby eran cortadas de cuarto en cuarto de hora, como por el gong de un reloj: los centinelas, de trecho en trecho, se daban la alerta el uno al otro con un gran grito reglamentario. El fuerte español de Cabo Juby, perdido en terreno disidente, se guardaba así contra las amenazas que no muestran su rostro. Y nosotros, los pasajeros de ese bajel ciego, oíamos inflarse de trecho en trecho la llamada, y describir sobre nosotros órbitas de pájaros marinos. Y, sin embargo, hemos amado el desierto.

Si él no es al principio más que vacío y silencio, es porque no se brinda a los amantes de un día. Ya un simple pueblecillo de los nuestros se nos oculta. Si no renunciamos por él al resto del mundo, si no entramos en sus tradiciones, en sus costumbres, en sus rivalidades, nada sabremos de la patria que él constituye para algunos. Más aún, a dos pasos de nosotros, el hombre que se recluye en su claustro y vive según reglas que nos son desconocidas se alza verdaderamente para nosotros en soledades tibetanas, en una lejanía a la cual no podrá avión alguno conducirnos jamás. ¡Qué importa visitar su celda! Está vacía. El imperio del hombre es interior. Así, el desierto no está hecho de arena, ni de tuaregs, ni siquiera de moros armados de un fusil... Pero he aquí que hoy hemos sentido sed. Y ese pozo que nosotros conocíamos solo hoy descubrimos que resplandece sobre aquella extensión. Una mujer invisible puede encantar así toda una casa. Un pozo nos lleva lejos, como el amor. La arena está al principio desierta, después llega el día en que, temiendo la proximidad de una facción enemiga, vemos en ella los pliegues del gran manto con que este se envuelve. Los grupos armados también transfigura las arenas.

Hemos aceptado las reglas del juego; el juego nos forma a su imagen. Es en nosotros donde el Sáhara se muestra. Abordarlo no es visitar el oasis, es hacer de una fuente nuestra religión.

Desde mi primer viaje he conocido el sabor del desierto. Habíamos naufragado, Riguelle, Guillaumet y yo, cerca del fortín de Nuakchot. Este pequeño puesto de Mauritania estaba entonces tan aislado de toda vida como un islote perdido en el mar. Un viejo sargento vivía allí encerrado con sus quince senegaleses. Nos recibió como enviados del cielo.

—¡Ah, no se imaginan cuánto significa para mí hablar con ustedes…! ¡Ah, significa mucho!

Era evidente que aquello significaba mucho para él: lloraba.

—Desde hace seis meses son ustedes los primeros. Cada seis meses me traen provisiones. A veces viene el teniente, otras, el capitán. La última vez vino el capitán...

Nos sentíamos todavía aturdidos. A dos horas de Dakar, donde nos están preparando el almuerzo, de pronto las bielas saltan y uno cambia de destino. Y es como una aparición para un viejo sargento que llora.

—¡Ah, beban! ¡Qué placer para mí ofrecerles vino! ¡Dense cuenta! Cuando el capitán pasó por aquí, ya no me quedaba nada para ofrecerle.

Ya he contado este hecho en otro libro, pero no era ficción. Él nos dijo:

—La última vez ni siquiera pude brindar... Y me dio tanta vergüenza que he pedido mi relevo.

¡Brindar! ¡Chocar los vasos con el otro, que acaba de bajarse del camello chorreando sudor! Durante seis meses se había vivido para ese instante. Desde un mes antes se lustraban las armas, se acicalaba el puesto, desde la cueva hasta el granero. Y ya en los últimos días, sintiendo la proximidad del día bendito, desde lo alto de la terraza se vigilaba incansablemente el horizonte, para descubrir en él esa polvareda en que se envolverá, cuando aparezca, el pelotón móvil de Atar...

Pero falta el vino; no se puede celebrar la fiesta. No se entrechocan los vasos. Uno se siente deshonrado...

—Estoy impaciente por que vuelva. Lo estoy esperando...

—¿Dónde está, sargento?

Y el sargento mostrando los arenales:

—No se sabe, ¡el capitán está por todas partes!

También fue real esa noche pasada sobre la terraza del fortín, hablando a las estrellas. No había otra cosa que vigilar allí. Estaban todas al completo, como en el avión, pero permanecían inmóviles.

En el avión, cuando la noche es demasiado hermosa, uno se deja ir, apenas se pilota y el avión poco a poco se inclina a la izquierda. Uno cree que todavía está horizontal cuando descubre bajo el ala derecha un pueblecillo. En el desierto no hay pueblecillos. Entonces será una flotilla de pesca en el mar... Pero en el ancho Sáhara no hay flotillas de pesca. ¿Entonces? Entonces uno sonríe por el error cometido. Enderezas despacio el avión. Y el pueblo vuelve a su sitio. Se engancha a la panoplia la constelación que uno ha dejado caer. ¿Pueblo? Sí. Pueblo de estrellas. Pero desde lo alto del fortín no hay más que un desierto, con olas de arena inmóviles, como helado. Constelaciones bien prendidas. Y el sargento nos habla de ellas:

—¡Miren! Yo conozco bien mis direcciones... Rumbo a esa estrella, derecho sobre Túnez.

—¿Eres de Túnez?

—No. Mi prima.

Se hace un largo silencio. Pero el sargento no se atreve a ocultarnos nada.

—Un día yo iré a Túnez.

Cierto, por otro camino que yendo derecho hacia esa estrella. A menos que un pozo agotado no le entregue en un día de expedición a la poesía del delirio. Entonces la estrella, la prima y Túnez se confundirán. Entonces comenzará esa marcha inspirada que los profanos creen dolorosa.

—Una vez le pedía al capitán permiso para ir a Túnez, para ver a mi prima. Y él me contestó...

—¿Te contestó...?

—Me contestó: «El mundo está lleno de primas». Y, como era menos lejos, me envió a Dakar.

—¿Era bonita tu prima?

—¿La de Túnez? Ya lo creo. Era rubia.

—No, la de Dakar.

Te habríamos abrazado, sargento, por tu respuesta un poco despechada y melancólica.

—Era negra...

¿Qué era el Sáhara para ti, sargento? Era un Dios perpetuamente en marcha hacia ti. Era también la dulzura de una prima rubia detrás de cinco mil kilómetros de arena.

¿Y el desierto para nosotros? Era lo que nacía en nosotros. Lo que aprendíamos sobre nosotros mismos. También nosotros, aquella noche, sentíamos amor por una prima y un capitán.

3

Situada en la linde de territorios insumisos, Port-Étienne no es una ciudad. Se encuentra allí un fortín, un hangar y una barraca de madera para nuestros equipajes. El desierto alrededor es tan absoluto que, a pesar de sus débiles recursos militares, Port-Étienne es casi invencible. Es preciso franquear, para atacarlo, tal cinturón de arena y de fuego que los grupos armados no pueden lograr el acceso sin consumir sus fuerzas, después de haber agotado las provisiones de agua. Sin embargo, desde que se tiene memoria, siempre ha habido en alguna parte del norte facciones en marcha hacia Port-Étienne. Cada vez que el capitán-gobernador viene a tomarse con nosotros un té, nos indica sobre los mapas el curso de su avance, como quien cuenta la leyenda de una bella princesa. Pero ese grupo armado no llega nunca, consumido como un río por la arena misma, y nosotros le llamamos el grupo fantasma. Las granadas y los cartuchos que el Gobierno nos distribuye por la noche duermen al pie de nuestros lechos en sus cajas. Y no tenemos que luchar contra otro enemigo que el silencio, protegidos ante todo por nuestra miseria. Y Lucas, jefe del aeropuerto, hace girar noche y día el gramófono que, tan lejos de la vida, nos habla un lenguaje casi perdido, y provoca una melancolía sin razón aparente que se parece extrañamente a la sed.

Esta noche hemos cenado en el fuerte, y el capitán-gobernador nos ha hecho admirar su jardín. Él ha recibido de Francia tres cajas llenas de tierra auténtica, que han franqueado, así, cuatro mil kilómetros. Allí brotan tres hojas verdes y nosotros las acariciamos con el dedo, como joyas. El capitán, cuando habla de ello, dice: «Es mi parque». Y cuando sopla el viento de arena, que lo seca todo, se baja el parque al sótano.

Habitamos a un kilómetro del fuerte y, después de cenar, volvemos a nuestro albergue bajo el claro de luna. Bajo la luna, la arena es de color de rosa. Sentimos nuestro desamparo, pero la arena es rosa. De pronto, una voz de centinela restablece en el mundo lo patético. Es todo el Sáhara el que se alarma de nuestras sombras y nos interroga, porque un grupo armado está en marcha. En el grito del centinela resuenan todas las voces del desierto. El desierto no es ya una casa vacía: una caravana mora imanta la noche. Podríamos sentirnos seguros. ¡Y sin embargo! Enfermedades, accidentes, rebeldes armados, ¡cuántas amenazas acechan! El hombre es, sobre la tierra, un blanco para tiradores ocultos. Pero el centinela senegalés, como un profeta, nos lo recuerda.

Nosotros respondemos: «¡Franceses!», y pasamos ante el ángel negro. Y respiramos mejor. ¡Qué nobleza nos ha devuelto esta amenaza! ¡Oh!, tan lejana todavía, tan poco urgente, tan bien amortiguada por tanta arena; pero el mundo ya no es el mismo. Este desierto vuelve a ser grandioso. Un grupo armado en marcha en alguna parte, y que no llegará hasta nosotros, le otorga de nuevo su divinidad.

Son ahora las once de la noche. Lucas vuelve del puesto de radio y me anuncia, para medianoche, el avión de Dakar. Todo va bien a bordo. A las doce y diez se habrá transbordado el correo a mi avión, y despegaré para ir hacia el norte. Ante un espejo mellado me afeito cuidadosamente. De tanto en tanto, con la toalla alrededor del cuello, voy hasta la puerta y miro la arena desnuda: hace buen tiempo, pero apenas hay viento. Vuelvo ante el espejo. Pienso. Si un viento previsto para meses amaina, trastorna a veces todo el cielo. Y ahora preparo mi equipo: mis lámparas de socorro anudadas a la cintura, mi altímetro, mis lápices. Voy a ver a Néri, quien será esta noche mi radio de a bordo. Él también está afeitándose. Le digo: «¿Todo bien?». Por el momento todo bien. Esta operación preliminar es la menos difícil del vuelo. Pero oigo un leve crujido, una libélula choca con mi lámpara. Sin saber por qué, se me encoge el corazón.

Salgo de nuevo y miro: todo despejado. Un acantilado que bordea el campo de aterrizaje resalta contra el cielo como si fuese de día. Sobre el desierto reina un gran silencio de casa en orden. Pero he aquí que una mariposa verde y dos libélulas chocan con mi lámpara. Y experimento de nuevo un sentimiento sordo, que es quizá alegría, quizá temor, pero que viene del fondo de mí mismo, todavía muy oscuro, apenas anunciándose. Alguien me habla desde muy lejos. ¿Es el instinto? Salgo una vez más: el viento ha amainado del todo. Sigue haciendo fresco. Pero yo he recibido un aviso. Adivino, creo adivinar lo que yo espero: ¿tengo razón? Ni el cielo ni la arena me han dado ninguna señal, pero me han hablado dos libélulas y una mariposa verde. Subo sobre una duna y me siento mirando al este. Si tengo razón, «eso» no tardará mucho. ¿Qué estarían buscando aquí esas libélulas a cientos de kilómetros de los oasis del interior? Débiles despojos lanzados a la orilla prueban que un ciclón azota el mar. Así, estos insectos me muestran que una tempestad de arena está en marcha; una tempestad del este y que ha despojado los palmerales lejanos de sus mariposas verdes. Su espuma ya me ha rozado. Y solemne, puesto que es una prueba, solemne, puesto que es una grave amenaza, solemne, puesto que contiene una tempestad, el viento del este se aproxima. Apenas si me llega su débil suspiro. Soy el extremo límite que alcanza a lamer la ola. A veinte metros detrás de mí, ninguna tela se hubiese agitado. La quemadura me ha envuelto una vez, solo una vez, con una caricia que parecía muerta. Pero yo sé que en los próximos segundos el Sáhara retomará el aliento y lanzará su segundo suspiro. Y, que antes de tres minutos, la manga de aire de nuestro hangar se verá afectada. Y que, antes de diez minutos, la arena llenará el cielo. Nosotros despegaremos enseguida en medio de ese fuego, en ese retorcerse de llamas del desierto.

Pero no es esto lo que me conmueve. Lo que me llena de una alegría salvaje es haber comprendido con pocas palabras un lenguaje secreto, es haber olfateado una huella como un primitivo, a quien todo el porvenir se anuncia por débiles rumores, es haber leído esta cólera en los aleteos de una libélula.

4

Estábamos allí en contacto con los moros insumisos. Emergían del fondo de territorios prohibidos, de esos territorios que nosotros salvábamos en nuestros vuelos; se aventuraban hasta los fortines de Juby o de Cisneros para comprar pan de azúcar o té, después volvían a hundirse en su misterio. Y nosotros intentábamos, a su paso, domesticar a algunos de ellos.

Cuando se trataba de jefes influyentes, los subíamos a veces a bordo, de acuerdo con la dirección de las líneas, para mostrarles el mundo. Nos proponíamos así extinguir su orgullo, pues era por desprecio, más que por odio, por lo que asesinaban a los prisioneros. Si nos cruzábamos con ellos en los alrededores de los fortines ni siquiera nos injuriaban. Se desviaban de nuestro camino y escupían al suelo. Y extraían ese orgullo de la ilusión de su poder. ¡Cuántos de entre ellos me han repetido habiendo alzado en pie de guerra un ejército de trescientos fusiles: «¡Tenéis la suerte en Francia de estar a más de cien días de camino….!».

Los paseábamos, pues. Y sucedió que tres de ellos visitaron así esa Francia desconocida. Eran de la raza de aquellos que, tras haberme acompañado una vez al Senegal, lloraban al descubrir árboles.

Cuando volví a encontrarlos bajo sus tiendas, ellos celebraban los music-hall en los que mujeres desnudas danzan entre flores. He aquí hombres que no habían visto nunca un árbol, ni una fuente, ni una rosa, que solo conocían por el Corán la existencia de jardines en los que corren arroyos, porque así se nombra en este al paraíso. Ese paraíso y sus bellas cautivas se ganan, después de haber padecido treinta años de miseria, mediante una muerte amarga sobre la arena por un tiro de fusil de un infiel. Pero Dios les engaña, puesto que a los franceses, a quienes también son concedidos todos esos tesoros, no les exige como rescate la sed ni la muerte. Y, por eso, ahora los viejos jefes sueñan. Y también por eso, pensando en el Sáhara que se extiende desierto alrededor de su tienda y que hasta el momento de la muerte les proporcionará escasos placeres, se entregan a las confidencias.

—Sabes... El Dios de los franceses... es más generoso para los franceses que el Dios de los moros para los moros.

Algunas semanas antes los paseábamos por Saboya. Su guía les condujo frente a una gran cascada, una especie de columna erguida que bramaba.

—Probad el agua —les dijo.

Y era agua dulce. ¡Agua! ¡Cuántos días de marcha hacen falta aquí para alcanzar el pozo más próximo y, si uno lo encuentra, cuántas horas para quitar la arena que lo llena hasta encontrar un barro mezclado de orín de camello! ¡El agua! En Cabo Juby, en Cisneros, en Port-Étienne, los niños de los moros no piden dinero; con una caja de conservas vacía en la mano, piden agua.

—Dame un poco de agua, dame...

—Si te portas bien.

¡El agua, que vale su peso en oro, el agua, cuya menor gota saca de la arena la chispa verde de una brizna de hierba! Si en algún sitio ha llovido, un gran éxodo anima el Sáhara. Las tribus van hacia la hierba que brotará trescientos kilómetros más lejos... Y esta agua tan avara, de la que no había caído ni una gota en Port-Étienne desde hacía diez años, bramaba allí, como si, habiendo reventado una cisterna, se esparciese de ella toda la provisión de agua del mundo.

—Debemos irnos —les decía el guía.

Pero ellos no se movían.

—Déjenos un poco más...

Se callaban y asistían graves, mudos, al desarrollo de aquel misterio solemne. Lo que manaba así, del vientre de la montaña, era la vida, era la sangre misma de los hombres. El caudal de un segundo habría resucitado caravanas enteras que, ebrias de sed, se habían hundido para siempre en el infinito de los lagos de sal y de los espejismos. Dios aquí se manifestaba: no podía volvérsele la espalda. Dios abría sus esclusas y mostraba su poder: los tres moros permanecían inmóviles.

—¿Qué más querréis ver? Vamos...

—Hay que esperar.

—¿Esperar qué?

—El final.

Querían esperar hasta el momento en que Dios se fatigase de su locura. Él se arrepiente pronto, es avaro.

—Pero ¡si esta agua corre desde hace mil años…!

Así, aquella noche, no insistieron sobre la cascada. Más vale callar ciertos milagros. Más vale, incluso, no pensar en ellos demasiado porque, si no, uno ya no comprende nada. Se duda de Dios.

—El Dios de los franceses, ya sabes...

Pero yo los conozco bien, a mis amigos bárbaros. Están allí, turbados en su fe, desconcertados, prestos a someterse en adelante. Sueñan con ser aprovisionados de cebada por la intendencia francesa, y protegidos en su seguridad por nuestras tropas saharianas. Es cierto que, una vez sometidos, habrán ganado en bienes materiales.

Pero ellos son, los tres, de la sangre de El Mammoun, emir de los Traza. (Creo que me equivoco en el nombre).

Conocí a este último cuando era nuestro vasallo. Recibido con honores oficiales por los servicios prestados, enriquecido por los gobernadores y respetado por las tribus, nada al parecer le faltaba de las riquezas visibles. Pero una noche, sin que señal alguna lo hubiera hecho prever, asesinó a los oficiales que lo acompañaban en el desierto, se apoderó de los camellos, de los fusiles y se juntó a las tribus insumisas.

Se las denomina traiciones a estas revueltas súbitas, a estas fugas, a la vez heroicas y desesperadas, de un jefe desde entonces proscrito en el desierto, a esta corta gloria que muy pronto ha de extinguirse, como un cohete, contra la barrera del pelotón móvil de Atar. Y uno se extraña de estos accesos de locura.

Y, sin embargo, la historia de El Mammoun es la de

otros muchos árabes. Estaba envejeciendo. Cuando se envejece, se medita. Así, una noche descubrió que había traicionado al Dios del islam y que había manchado su mano al sellar, tendiéndola a los cristianos, un intercambio en el que él lo perdía todo.

Y, en efecto, ¿qué importaban para él la cebada y la paz? Guerrero venido a menos y convertido en pastor, he aquí que se acuerda de haber habitado un Sáhara en el que cada pliegue de arena disimulaba una gran riqueza de amenazas, en el que en el campamento, avanzado en la noche, los vigías destacaban en su punta, en el que las noticias, que referían los movimientos de los enemigos, hacían latir los corazones en torno a los fuegos nocturnos. Se acuerda de un gusto de pleamar que, si una vez ha sido saboreado por el hombre, jamás se olvida.

He aquí que yerra ahora sin gloria en una extensión pacificada, vacía de todo prestigio. Ahora es cuando el Sáhara es tan solo un desierto.

Acaso veneraba a los oficiales que asesinará.

Pero el amor de Alah va primero.

—Buenas noches, El Mammoun.

—¡Que Dios te proteja!

Los oficiales se lían en sus mantas, tumbados sobre la arena como sobre una balsa, de cara a los astros. He ahí todas las estrellas que giran lentamente, un cielo entero que marca la hora. He ahí la luna, que se inclina hacia las arenas, reconducida a la nada por su sabiduría. Los cristianos van a dormirse de un momento a otro. Unos minutos más, y ya solo lucirán las estrellas. Entonces, para que las tribus envilecidas recuperen su pasado esplendor, para que vuelvan a emprender aquellas incursiones —lo único que hace resplandecer las arenas—, bastará el débil grito de esos cristianos, a los que se ahogará en su propio sueño...

Y se masacra a los buenos tenientes dormidos.

5

Hoy, en Juby, Kemal y su hermano Mouyane me han invitado y bebo té en su tienda. Mouyane me mira en silencio y, con el velo azul recogido sobre los labios, mantiene una reserva hostil. Solo Kemal me habla y hace los honores.

—Mi tienda, mis camellos, mis mujeres, mis esclavos son todo tuyos.

Mouyane, sin quitarme un instante los ojos de encima, se inclina hacia su hermano, pronuncia algunas palabras, después vuelve a su silencio.

—¿Qué dice?

—Dice que Bonnafous ha robado mil camellos a los R'Gueïbat.

Yo no conocía a ese capitán Bonnafous, oficial de los pelotones de camellos de Atar. Pero conocía, a través de los moros, su gran leyenda. Ellos hablan de él con cólera, pero como de una especie de Dios. Su presencia da a la arena su valor. Hoy mismo acaba de surgir, no se sabe cómo, en la retaguardia de los rebeldes que marchaban hacia el sur, robando sus camellos por centenares; obligándoles, para salvar sus tesoros que creían seguros, a replegarse contra él. Y ahora, habiendo salvado a Atar con esa aparición de arcángel, habiendo plantado su campamento sobre una altiplanicie calcárea, permanece allí erguido como una prenda que asir, y su resplandor es tal que obliga a las tribus a ponerse en marcha hacia su espada.

Mouyane me mira más duramente y habla de nuevo.

—¿Qué dice?

—Dice que nosotros partiremos en grupos armados contra Bonnafous. Trescientos fusiles.

Yo había adivinado algo: esos camellos que están llevando hasta los pozos desde hace tres días, esas palabras, ese fervor. Recuerda a un velero invisible que estén aparejando. Y ya circula el viento en alta mar que ha de empujarle. A causa de Bonnafous, cada paso hacia el Sáhara se convierte en un paso rico en gloria. Y no sé ya cómo deslindar lo que esas partidas tienen de odio y de amor.

Es fantástico poseer en el mundo un enemigo tan hermoso a quien asesinar. Allí donde surge, las tribus próximas pliegan sus tiendas, reúnen sus camellos y huyen temblando por miedo a encontrarlo cara a cara, pero las tribus más lejanas son presas del mismo vértigo que en el amor. Uno se arranca de las tiendas, de los abrazos de las mujeres, del sueño feliz; descubre que nada valdría tanto en el mundo, después de dos meses de marcha agotadora hacia el sur, de sed ardiente, de esperar en cuclillas bajo los vientos de arena, como caer por sorpresa al amanecer sobre el pelotón móvil de Atar, y allí, si Dios lo permite, asesinar al capitán Bonnafous.

—Bonnafous es fuerte —me confiesa Kemal.

Conozco ahora su secreto. Como esos hombres que desean a una mujer y sueñan con su paso indiferente, y se vuelven y se revuelven toda la noche, heridos, quemados por el paseo indiferente que ella prosigue en el ensueño, así ellos eran atormentados por el paso lejano de Bonnafous. Tras conseguir que los rebeldes espoleados se vuelvan contra él, este cristiano vestido de moro, a la cabeza de sus doscientos piratas moros, se ha adentrado en zona rebelde, allí donde el último de sus propios hombres, libre de la sujeción francesa, podría despertarse de su servidumbre impunemente y sacrificarle a su Dios sobre las mesas de piedra; allí donde solo su prestigio les retiene, donde su debilidad misma les aterra. Y esa noche, en medio del ronco sueño de sus hombres, él va y viene indiferente, y su paso suena hasta en el corazón del desierto.

Mouyane medita, siempre inmóvil en el fondo de la tienda como un bajo relieve de granito azul. Solo sus ojos brillan, y su puñal de plata, que ya no es un juguete. ¡Cómo ha cambiado desde que se alió a los grupos rebeldes! Siente como nunca su propia nobleza y me aplasta con su desprecio; porque él va a enfrentarse a Bonnafous, porque se pondrá en marcha al amanecer empujado por un odio que tiene todos los signos del amor.

Se inclina otra vez hacia su hermano, habla en voz muy baja y me mira.

—¿Qué dice?

—Dice que te pegará un tiro si te encuentra lejos del fuerte.

—¿Por qué?

—Dice que tú tienes aviones y radiotelegrafía, tienes a Bonnafous, pero no tienes la verdad.

Mouyane, inmóvil en sus velos azules, me está juzgando.

—Él dice que tú comes ensalada como las cabras y cerdo como los cerdos. Tus mujeres muestran su cara sin pudor: él lo ha visto. Y dice que tú no rezas nunca. Y dice que ¿de qué te sirven tus aviones, tu radiotelegrafía, tu Bonnafous, si no tienes la verdad?

Y yo admiro a ese moro que no defiende su libertad, porque en el desierto se es siempre libre, que no defiende tesoros visibles, porque el desierto no está desnudo, sino que defiende un reino secreto. En el silencio de las olas de arena, Bonnafous guía a su pelotón como un viejo corsario, y, gracias a él, este campamento de Cabo Juby ya no es ya un hogar de pastores ociosos. La tempestad de Bonnafous pesa contra su flanco, y, a causa de él, las tiendas se recogen por la noche. ¡Qué punzante es, en el sur, el silencio: es el silencio de Bonnafous! Y Mouyane, viejo cazador, lo siente, en el viento, caminar.

Cuando Bonnafous regrese a Francia, sus enemigos, lejos de regocijarse, le llorarán como si su partida quitara al desierto uno de sus polos; a su existencia, un poco de prestigio, y me dirán:

—¿Por qué se va tu Bonnafous?

—No lo sé...

Él se ha jugado su vida contra la de ellos, y durante años. Ha hecho de las reglas de ellos sus propias reglas. Ha dormido con la cabeza apoyada contra sus piedras. Durante la eterna persecución ha conocido, como ellos, noches de la Biblia hechas de estrellas y de viento. Y he aquí que él muestra, al irse, que no jugaba a un juego esencial para él. Abandona la mesa con desenvoltura. Y los moros, a los que él deja ahora que jueguen solos, ya no confían en una vida cuyo sentido ya no compromete a los hombres hasta la raíz misma de su esencia. Quieren, no obstante, creer en él.

—Tu Bonnafous volverá.

—No lo sé.

Volverá, piensan los moros. Los juegos de Europa no podrán ya contenerlo, ni las partidas de carta de guarnición, ni los ascensos, ni las mujeres. Volverá, atormentado por su nobleza perdida, allí donde cada paso hace latir el corazón, como un paso hacia el amor. Por un momento, habrá creído que aquí había vivido tan solo una aventura y que volvería a encontrar allí lo esencial de la vida, pero descubrirá con disgusto que aquí, en el desierto, ha poseído las únicas riquezas verdaderas: este prestigio de la arena, la noche, este silencio, esta patria de viento y de estrellas.

Y, si un día regresa Bonnafous, la noticia desde la primera noche se esparcirá por tierras disidentes. Los moros sabrán que, en alguna parte del Sáhara, en medio de sus doscientos piratas, él duerme.

Entonces, en silencio, se llevará a los pozos la tropa de camellos; se prepararán las provisiones de cebada. Se inspeccionarán las culatas, empujados por ese odio o por ese amor.

6

—Escóndeme en un avión para Marrakech...

Cada noche, en Juby, aquel esclavo de los moros me dirigía su breve súplica. Después de lo cual, una vez había hecho todo lo posible para mejorar su vida, se sentaba con las piernas cruzadas y preparaba mi té. Apaciguado ya durante un día por haberse confiado, según creía él, al único médico que podía curarle, y por haber rogado al único Dios que podía salvarle. Ahora rumiaba, inclinado sobre la cazuela, sobre las imágenes simples de su vida, las tierras negras en Marrakech, sus casas de color de rosa, los bienes elementales de los que él se hallaba desposeído. No me guardaba rencor por mi silencio ni por mi tardanza en mejorar su vida: yo no era un hombre semejante a él, sino una fuerza que poner en marcha, algo como un viento favorable y que se levantaría un día sobre su destino.

Sin embargo, simple piloto, jefe de aeropuerto por algunos meses en Cabo Juby, disponiendo por toda fortuna de una barraca adosada al fuerte español y, en esa barraca, de una jofaina, de un jarro de agua salada, de un lecho demasiado corto, yo me hacía menos ilusiones en cuanto a mi poder.

—Ya se verá, viejo Bark...

Todos los esclavos se llaman Bark; él se llamaba, pues, Bark. A pesar de los cuatro años de cautividad no se había resignado todavía. Se acordaba de haber sido rey.

—¿Qué hacías tú, Bark, en Marrakech?

En Marrakech, donde su mujer y sus tres hijos vivían aún sin duda, había ejercido un oficio magnífico.

—¡Yo era conductor de rebaños y me llamaba Mohamed!

Allí los caídes lo convocaban.

—Tengo unos bueyes que vender, Mohamed, ve a buscarlos a la montaña.

O bien:

—Tengo mil carneros en el llano, llévalos más arriba, hacia los pastizales.

Y Bark, armado de un cetro de olivo, gobernaba su éxodo. Único responsable de un pueblo de ovejas, conteniendo a las más ágiles en consideración a los corderos a punto de nacer y sacudiendo un poco a las perezosas, marchaba entre la confianza y la obediencia de todos. El único en saber hacia qué tierras prometidas subían, y en leer su ruta en los astros, sabio en una ciencia que no era compartida por las ovejas, decidía solo él, en su prudencia, la hora del reposo, la hora de las fuentes. Y por la noche, de pie entre ellas, en medio de su sueño, enternecido por tanta fragilidad ignorante y bañado de lana hasta las rodillas, Bark, médico, profeta y rey, rogaba por su pueblo.

Un día unos árabes lo habían abordado.

—Ven con nosotros a buscar ganado al sur.

Habían caminado mucho tiempo y cuando, al cabo de tres días, una vez llegados a una cañada de la montaña en los confines de las tierras disidentes, se le puso simplemente la mano sobre el hombro, se le bautizó Bark y lo vendieron.

Yo conocía a otros esclavos. Iba todos los días a tomar el té bajo las tiendas. Allí, tumbado con los pies desnudos en la alfombra de gruesa lana, un lujo para el nómada, sobre la cual este establece durante algunas horas su morada, yo disfrutaba del viaje del día. En el desierto, uno siente el correr del tiempo. Bajo la quemazón del sol, uno se siente en marcha hacia el atardecer, hacia ese viento fresco que bañará los miembros y lavará todo sudor. Bajo la quemazón del sol, bestias y hombres, con la misma seguridad con la que se avanza hacia la muerte, se dirigen hacia ese gran abrevadero. Así, la ociosidad nunca es vana. Y cualquier jornada resulta hermosa como esas rutas que van hacia el sur.

Yo conocía a esos esclavos. Entran bajo la tienda cuando el jefe ha sacado de la caja de los tesoros el calentador, la cazuela y los vasos; de esa caja cargada de objetos absurdos, cadenas sin llaves, floreros sin flores, espejos sin ningún valor, armas viejas, y que, encallados así en plena arena, hacen pensar en los despojos de un naufragio.

Entonces el esclavo, mudo, carga la cocinilla de ramitas secas, sopla sobre la brasa, llena la cazuela, pone en movimiento, para faenas de muchacha, músculos que arrancarían un cedro. Está tranquilo. Absorto en el juego: hacer el té, cuidar de los camellos, comer. Bajo el ardor del día, caminar hacia la noche, y, bajo el hielo de las estrellas desnudas, desear el ardor del día. Felices los países del norte en que las estaciones componen, en el verano, una leyenda de nieve; en el invierno, una leyenda de sol; tristes los trópicos, en cuya estufa apenas hay cambios; pero feliz también este Sáhara en que el día y la noche balancean tan simplemente a los hombres de una esperanza a la otra.

A veces el esclavo negro, en cuclillas ante la puerta, goza del viento del atardecer. En este cuerpo pesado de cautivo los recuerdos ya no acuden. Apenas se acuerda de la hora del rapto, de aquellos golpes, de aquellos gritos, de aquellos brazos de hombre que lo arrojaron a esta misma noche. Se hunde desde aquella hora en un extraño sueño, privado como un ciego de sus ríos lentos del Senegal o de sus ciudades blancas del sur de Marruecos; privado, como un sordo, de las voces familiares. No es desdichado ese negro, sino inválido. Caído un día en el ciclo de vida de los nómadas, ligado a sus migraciones, atado por la vida a las órbitas que ellos describen en el desierto, ¿qué conservará, en adelante, de común con un pasado, con un hogar, con una mujer e hijos que están para él tan muertos como los muertos?

Hombres que han vivido largo tiempo con un gran

amor y que después fueron privados de él se cansan a veces de esa nobleza solitaria. Se acercan de nuevo humil-
demente a la vida, y de un amor mediocre hacen su felicidad. Han encontrado dulce abdicar, hacerse serviles y
entrar en la paz de las cosas. El orgullo del esclavo nace
ahora de las brasas del amo.

—Anda, ten —dice a veces el jefe al cautivo.

Es la hora en la que el amo es amable con el esclavo
porque han remitido ya todas las fatigas, todos los ardo-
res, debido a que ambos se adentran, hombro con hombro, en la frescura. Y le concede un vaso de té. Y el cautivo, aturdido de agradecimiento, besaría por ese vaso de
té las rodillas del amo. El esclavo no va cargado de cadenas. ¡Qué poco las necesita! ¡Qué fiel es! Cómo reniega
prudentemente del rey negro desposeído: es tan solo un
cautivo feliz.

Un día, sin embargo, lo liberarán. Cuando sea demasiado viejo, cuando ya no valga los alimentos o ropas que
se le dan, se le concederá una libertad desmesurada. Durante tres días se le ofrecerá en vano de tienda en tienda,
cada día más débil, y hacia el fin del tercer día, siempre
prudentemente, se acostará sobre la arena. Yo los he visto
así, morir desnudos, en Juby. Los moros observaban esa
larga agonía, pero sin crueldad, y los niños de estos jugaban cerca del oscuro despojo, y a cada amanecer corrían,
por juego, a ver si rebullía aún, pero sin burlarse del viejo
servidor. Aquello estaba en el orden natural de las cosas.
Era como si se le hubiese dicho: «Has trabajado bastante,
tienes derecho al sueño, ve a dormir». Él, siempre tum-

bado, experimenta el hambre, que no es más que un vértigo, pero no la injusticia, que es lo que atormenta. Se mezcla poco a poco con la tierra. Secado por el sol y recibido por la tierra. Treinta años de trabajo; después, ese derecho al sueño y a la tierra.

Al primero que encontré no lo oí gemir: pero él no tenía nada contra lo que gemir. Yo adivinaba en él una especie de oscuro consentimiento, el del montañés perdido, al final de sus fuerzas, que se acuesta en la nieve y se envuelve en sus sueños y en la nieve. No fue su sufrimiento lo que me atormentó. Apenas creía en él. Pero, en la muerte de un hombre, un mundo desconocido muere, y yo me preguntaba qué imágenes eran las que zozobraban en él. Qué plantaciones del Senegal, qué ciudades blancas del sur de Marruecos se hundían poco a poco en el olvido. Yo no podía saber si en aquella masa negra se extinguían simplemente preocupaciones miserables: preparar el té, llevar las bestias a los pozos… si se adormecía un alma de esclavo o si, resucitado por un reflujo de recuerdos, el hombre moría en toda su grandeza. El hueso duro del cráneo era semejante para mí a la vieja caja de los tesoros. No sabía qué sedas de color, qué imágenes de fiestas, qué vestigios aquí tan inusitados, tan inútiles en este desierto habrían escapado allí al naufragio. Esa caja estaba allí, cerrada, y pesaba. Yo no sabía qué parte del mundo se deshacía en el hombre durante el gigantesco sueño de los últimos días, en aquella conciencia, en aquella carne que, poco a poco, volvía a ser noche y raíz.

—Yo era conductor de rebaños y me llamaba Mohamed...

Bark, cautivo negro, fue el primero, de los que conocí, que ha resistido. No importa que los moros hubiesen violado su libertad y le hubiesen dejado en un día más desnudo sobre la tierra que un recién nacido. Hay tempestades de Dios que arrasan así, en una hora, las mieses de un hombre. Pero, más profundamente que en sus bienes, los moros le amenazaban con destruir su personalidad. ¡Y Bark no abdicaba cuando tantos otros cautivos habrían dejado tan fácilmente morir en ellos a un pobre conductor de bestias que trabajaba todo el año para ganarse el pan!

Bark no se instalaba en la servidumbre como otros que, cansados de esperar, se instalan en una felicidad mediocre. No quería agradecer, en su condición de esclavo, las bondades del dueño. Él conservaba, para el Mohamed ausente, la casa que ese Mohamed había habitado en su pecho. Una casa triste por estar vacía, pero que no habitaría ningún otro. Bark era semejante a ese guardián encanecido que en las hierbas de las avenidas y en el hastío del silencio muere de fidelidad.

No decía: «Yo soy Mohamed ben Lhaussin», sino «Yo me llamaba Mohamed», soñando con el día en que ese olvidado personaje resucitase, barriendo por su sola resurrección la apariencia de esclavo. A veces, en el silencio de la noche, todos sus recuerdos le eran restituidos con la plenitud de un canto de infancia... «En medio de la noche —nos contaba nuestro intérprete moro—, en medio de la noche nos ha hablado de Marrakech y ha llorado». En la soledad, nadie escapa a esos retornos. El otro se despertaba en él sin aviso, se estiraba en sus propios miembros, buscaba a la mujer apoyada contra su costado, en este desierto en el que jamás mujer alguna se aproximó a Bark, escuchaba cantar el agua de las fuentes, allí donde nunca había habido una, y Bark, con los ojos cerrados, creía habitar una casa blanca, todas las noches asentada bajo la misma estrella, allí donde los hombres habitan casas de tela y yerran como el viento. Cargado de viejos amores misteriosamente redivivos, como si su polo opuesto hubiese estado próximo, Bark venía hacia mí. Quería decirme que estaba preparado, que también todos sus amores estaban listos y que, para distribuirlos, solo tenía que volver a casa. Y bastaría una señal mía. Y Bark sonreía, me indicaba el truco, que a mí, sin duda, no se me habría ocurrido.

—Mañana parte el correo. Tú me escondes en el avión para Agadir...

—¡Pobre viejo Bark!

Pues vivíamos en territorio disidente. ¿Cómo ayudarlo a huir? Los moros, al día siguiente, habrían vengado ese vuelo y la injuria que suponía con sabe Dios qué masacre. Yo había intentado comprarlo, ayudado por los mecánicos de la escala, Laubergue, Marchal, Abgrall, pero los moros no encuentran todos los días europeos que quieran comprar a un esclavo. Y abusaban de eso.

—Vale veinte mil francos.

—¿Estás burlándote de nosotros?

—Mira qué brazos tan fuertes tiene...

Y así pasaron meses.

Al fin las pretensiones de los moros bajaron y, ayudado por amigos de Francia a los que yo había escrito, me hallé en situación de comprar al viejo Bark. Hubo grandes negociaciones. Duraron ocho días. Los pasamos sentados en rueda en la arena, quince moros y yo. Un bandolero, amigo del propietario y también mío, Zin Ould Rhattari, me ayudaba en secreto.

—Véndelo, pues lo perderás de todos modos —le decía siguiendo mi consejo—. Está enfermo. El mal no se ve a primera vista, pero se lleva adentro. Y llega un día, así de golpe, en que se hincha. Véndeselo cuanto antes al francés.

Yo había prometido una comisión a otro bandido, Raggi, si me ayudaba a concluir la compra, y este también tentaba al propietario:

—Con el dinero comprarás camellos, fusiles y balas. Con ese dinero, podrás unirte a la guerrilla y hacer la guerra a los franceses. Así, podrás traerte de Atar tres o cuatro esclavos completamente nuevos. Liquida a ese viejo ya.

Y finalmente me vendieron a Bark. Lo tuve guardado bajo llave durante seis días en nuestra barraca, pues, de haber errado suelto antes de que llegara el avión, los moros lo habrían recobrado y revendido en otra parte.

Pero yo lo liberé de su condición de esclavo. Fue esta también una bonita ceremonia. Vinieron el morabito, el antiguo propietario e Ibrahim, el caíd de Juby. Estos tres piratas, que le habrían cortado, gustosos, la cabeza a veinte metros del muro del fuerte, solo por el placer de jugarme una mala pasada, lo abrazaron calurosamente y firmaron un acta oficial.

—Ahora tú eres hijo nuestro.

Lo era también mío, según la ley.

Y Bark abrazó a todos sus padres.

Vivió en nuestra barraca una dulce cautividad hasta la hora de partir. Nos pedía veinte veces al día que le describiésemos lo fácil que sería el viaje: descendería del avión en Agadir y se le daría, en esa escala, un billete de autocar para Marrakech. Bark jugaba al hombre libre, como un niño juega al explorador: ¡aquella marcha hacia la vida, el autocar, las multitudes, las ciudades que él iba a ver de nuevo!

Laubergue vino a buscarme en nombre de Marchal y Abgrall. No fuese Bark a reventar de hambre a la llegada. Me dieron mil francos para él; Bark podría así buscar trabajo. Y yo pensaba en esas viejas damas que se dedican a las buenas obras, «a la caridad», para luego dar veinte francos y exigir un reconocimiento público. Laubergue, Marchal, Abgrall, mecánicos de aviación, daban mil francos, lo suyo no era caridad y menos aún exigían reconocimiento por ello. No obraban tampoco por piedad, como esas mismas damas que sueñan con la dicha. Contribuían simplemente a restituir a un hombre su dignidad de hombre. Sabían demasiado bien, como yo mismo, que, una vez pasada la embriaguez del regreso, la primera amiga fiel que aparecería ante Bark sería la miseria, y que antes de tres meses estaría deslomándose en alguna parte, sobre las vías del ferrocarril, arrancando traviesas. Sería menos feliz que en el desierto con nosotros. Pero tenía derecho a ser él mismo entre los suyos

—Vamos, viejo Bark, vete y sé un hombre.

El avión vibraba listo para partir. Bark se inclinaba por última vez hacia la inmensa desolación de Cabo Juby. Doscientos moros se habían agrupado ante el avión para ver bien qué cara pone un esclavo a las puertas de la vida. Ya lo recuperarían un poco más lejos en caso de avería. Y nosotros hacíamos signos de despedida a nuestro recién nacido de cincuenta años, un poco turbados de lanzarlo así al mundo.

—¡Adiós, Bark!

—No.

—¿Cómo no?

—No. Yo soy Mohamed ben Lhaussin.

La última vez que tuvimos noticias de él fue por el árabe Abdallah, el cual, a petición nuestra, asistió a Bark en Agadir.

El autocar no partía hasta el atardecer; Bark disponía así de un día. Estuvo errando primero tanto tiempo, sin decir una palabra, sobre la pequeña ciudad que Abdallah supo que estaba inquieto y se conmovió.

—¿Qué pasa?

—Nada...

Bark, demasiado a sus anchas en aquellas vacaciones repentinas, no sentía aún su resurrección. Experimentaba, sí, una felicidad sorda, pero apenas había diferencia, aparte de esta felicidad, entre el Bark de ayer y el Bark de hoy. Compartía no obstante desde ese momento, en igualdad con los demás hombres, ese sol y el derecho de sentarse ahí, bajo aquel pabellón de café árabe. Y se sentó. Pidió té para Abdallah y él. Era su primer gesto de gran señor; su poder debería haberlo transfigurado. Pero el camarero le sirvió el té sin mostrar ninguna sorpresa, como si el gesto fuese algo común. No sabía que al servir aquel té glorificaba a un hombre libre.

—Vayamos a otro sitio —dijo Bark.

Subieron hacia la Kasbah, que domina Agadir. Las pequeñas danzarinas berberiscas se les acercaron. Mostraban tanta dulzura amaestrada que Bark creyó que iba a revivir: eran ellas las que, sin saberlo, lo acogerían en la vida. Lo cogieron de la mano y le ofrecieron el té con maneras amables, como lo habrían ofrecido a cualquier otro. Bark quiso contar su resurrección. Ellas rieron dulcemente. Estaban contentas por él, puesto que él estaba contento. Añadió para impresionarlas: «Yo soy Mohamed ben Lhaussin». Pero aquello no las sorprendió. Todos los hombres tienen un nombre, y muchos vienen de tan lejos...

Bark arrastró de nuevo a Abdallah hacia la ciudad. Erró ante las tiendas judías, miró el mar, pensó que podía ir donde quisiera, en cualquier dirección, que era libre... Pero esa libertad le pareció amarga: le mostraba sobre todo hasta qué punto carecía de vínculos con el mundo.

Entonces, pasó un niño y Bark le acarició dulcemente la mejilla. El niño sonrió. Aquel no era un hijo del dueño, al que se adula. Era un niño frágil, a quien Bark concedía una caricia.

Y que sonreía. Y aquel niño despertó a Bark, que se sintió un poco más importante sobre la tierra, debido a un niño frágil que le había concedido su sonrisa. Comenzaba a entrever algo y caminaba a grandes pasos.

—¿Qué buscas? —preguntó Abdallah.

—Nada —respondió Bark.

Pero, cuando al volver una esquina se tropezó con un grupo de niños que jugaban, se detuvo. Era allí. Los miró en silencio. Después, habiéndose alejado hacia las tiendas judías, volvió con los brazos cargados de presentes. Abdallah se irritó.

—Imbécil, guarda tu dinero.

Pero Bark ya no escuchaba. Con expresión grave, hizo una seña a cada uno. Y las pequeñas manos se tendieron hacia los juguetes, los brazaletes, las babuchas bordadas de oro. Y cada niño, en cuanto tenía seguro su tesoro, huía, salvaje. Los otros niños de Agadir, al saber la noticia, corrían hacia él: Bark los calzó con babuchas de oro. Y, en los alrededores de Agadir, otros niños, que habían oído a su vez aquel rumor, se levantaron y subieron con gritos hacia el Dios negro y, colgados a sus viejas prendas de esclavo, reclamaban su parte. Bark se estaba arruinando.

Abdallah pensó que estaba «loco de alegría». Pero no creo que, para Bark, se tratase de compartir un exceso de alegría.

Poseía, puesto que era libre, los bienes esenciales, el derecho de hacerse amar, de ir hacia el norte o hacia el sur y de ganarse el pan con su trabajo. Para qué le servía entonces ese dinero... Lo que realmente sentía, igual que se siente un hambre desmedida, era la necesidad de ser un hombre entre los hombres, ligado a los hombres. Las danzarinas de Agadir se habían mostrado amables con el viejo Bark, pero él se había despedido de esas mujeres sin esfuerzo, como cuando se había topado con ellas; no lo necesitaban. Aquel camarero árabe, aquellos transeúntes, todos respetaban en él al hombre libre, compartían con él su sol en igualdad, pero ninguno había mostrado tampoco necesitarlo. Era libre, pero infinitamente, hasta el punto de no sentir su peso sobre la tierra. Le faltaba ese peso que dan las relaciones humanas y que entorpece la marcha, las lágrimas, los adioses, reproches, alegrías, todo lo que un hombre acaricia o desgarra cada vez que esboza un gesto, esos mil vínculos que lo atan a los otros y lo hacen grávido. Pero sobre Bark pesaban ya mil experiencias...

Y el reino de Bark comenzaba en aquella gloria del sol poniente sobre Agadir, en aquel frescor que durante tanto tiempo había sido para él el único goce que deseaba alcanzar, el único estable. Y, como se acercaba la hora de partir, Bark avanzaba bañado en aquella marea de niños, como de sus ovejas en otro tiempo, cavando su primer surco en el mundo. Al día siguiente volvería a la miseria de los suyos, responsable de más vidas de las que podrían quizá nutrir sus viejos brazos, pero ya allí pesaba ahora con su verdadero peso. Como un arcángel demasiado ligero para vivir la vida de los hombres pero que, como ardid, se hubiese cosido plomo a la cintura, Bark avanzaba con dificultad, atraído hacia el suelo por mil niños, que tanto deseaban esas babuchas de oro.

Así es el desierto. Un Corán, que no es sino una regla de juego, convierte la arena en un imperio. En el fondo de un Sáhara que parecería vacío, se representa una obra secreta que mueve las pasiones de los hombres. La verdadera vida del desierto no se compone solo de éxodos de tribus en busca de pastizales, sino también del juego que allí se desenvuelve. ¡Qué distintas son la arena sumisa y la otra! ¿Y no sucede igual con todos los hombres? Ante este desierto transfigurado, recuerdo mis juegos de infancia, el parque umbroso y dorado que nosotros habíamos poblado de dioses, el reino sin límites que extraíamos de aquel kilómetro cuadrado nunca enteramente conocido, nunca del todo escudriñado. Nosotros constituíamos una civilización cerrada, en la que los pasos tenían un sabor, y las cosas, un sentido, que no se permitían en ninguna otra. Cuando uno, al hacerse hombre, vive bajo otras leyes, ¿qué queda de ese parque umbrío de la infancia, mágico, helado, ardiente, cuyo pequeño muro de piedras grises, al volver ahora bordeamos por fuera con una especie de desesperación, atónitos de hallar, encerrada en recinto tan estrecho, una provincia de la cual se había hecho uno su infinito, y comprendiendo que en ese infinito ya nunca se entrará de nuevo, porque es en el juego, no en el parque, donde habría que entrar?

Pero ya no hay disidencia. En Cabo Juby, Cisneros, Puerto-Cansado, la Saguet-El-Hamra, Dora, Smarra ya no hay misterio. Aquellos horizontes, hacia los que nosotros habíamos corrido, se han extinguido uno después del otro, como esos insectos que pierden sus colores una vez presos en el cepo de las manos tibias. Pero el que los perseguía no era objeto de una ilusión. Nosotros no nos engañábamos cuando íbamos en busca de esos descubrimientos. Tampoco el sultán de *Las mil y una noches*, que perseguía una materia tan sutil, cuyas bellas cautivas se extinguían una a una en sus brazos al amanecer, perdido, apenas tocadas, el oro de sus alas. Nosotros nos hemos nutrido de la magia de los arenales, otros quizá abrirán sus pozos de petróleo y se enriquecerán con sus mercancías. Pero habrán llegado demasiado tarde. Pues los palmerales prohibidos, o el polvo virgen de las conchas, nos han entregado su parte más preciosa: no ofrecían más que una hora de fervor y somos nosotros quienes la hemos vivido.

*

¿El desierto? Un día me fue dado abordarlo con el corazón. En el curso de un raid hacia Indochina, en 1935, me encontré en Egipto, hacia los confines de Libia, atrapado en las arenas como en una masa viscosa y adherente, y creí que iba a morir. He aquí la historia.

VII

En el centro del desierto

1

Al abordar el Mediterráneo encontré unas nubes bajas. Descendí veinte metros. La intensa lluvia se estrella contra el parabrisas y el mar parece humear. Hago grandes esfuerzos por divisar algo y no embestir un mástil de navío.

Mi mecánico, André Prévot, me enciende cigarrillos.

—Café...

Desaparece en el fondo del avión y vuelve con el termo. De tanto en tanto golpeo la manecilla de los gases para mantener dos mil cien revoluciones. Barro de una mirada mis cuadrantes: mis súbditos son obedientes, cada aguja está en su puesto. Lanzo una ojeada sobre el mar que, bajo la lluvia, desprende vapores como una gran olla en ebullición. Si fuese en hidroavión lamentaría que el mar estuviese tan «ahuecado». Pero voy en avión. Ahuecado o no, no puedo posarme sobre él. Y eso me aporta, no sé por qué, un absurdo sentimiento de seguridad. El mar forma parte de un mundo que no es el mío. Ahí, la avería no es cosa mía, incluso no me amenaza: no estoy aparejado para el mar.

Después de una hora y media de vuelo la lluvia se calma. Las nubes siguen muy bajas, pero la luz las atraviesa ya como una gran sonrisa.

Admiro esta lenta preparación del buen tiempo. Adivino ya sobre mi cabeza un débil espesor de algodón blanco. Sesgo para evitar una turbonada; no es necesario pasar a través de su corazón. Y he aquí la primera desgarradura...

La he presentido sin verla, pues advierto frente a mí, sobre el mar, un largo rastro de color de prado, una especie de oasis de un verde luminoso y profundo, semejante al de los campos de cebada que me henchían el corazón en el sur de Marruecos, cuando regresaba de Senegal, después de tres mil kilómetros de arena. Aquí también tengo la sensación de acercarme a una provincia habitable, y experimento un ligero júbilo. Me vuelvo hacia Prévot.

—¡Se acabó, todo bien!

—Sí, todo bien...

Túnez. Mientras llenan el depósito del avión, firmo unos papeles. Pero, en el momento de abandonar la oficina, oigo como un ¡plof! de zambullida. Uno de esos ruidos sordos, sin eco. Recuerdo al instante haber oído ya un ruido parecido: una explosión en un garaje. Dos hombres habían muerto de esa tos ronca. Me vuelvo hacia la carretera que bordea la pista: se ha levantado un poco de polvo, dos coches rápidos han chocado de frente, de pronto inmóviles, como en los hielos. Unos hombres corren hacia ellos, otros corren hacia nosotros.

—Llamen a alguien... Un médico... La cabeza...

Se me encoge el corazón. La fatalidad, en la tranquila luz de la tarde, ha llevado a cabo un ataque por sorpresa. Una belleza arrasada, o una inteligencia, o una vida... De igual manera avanzaron los piratas del desierto, y nadie oyó su paso elástico sobre la arena. Así ha ocurrido en el campamento: el breve rumor de posible incursión de los rebeldes. Después, todo se sumió de nuevo en ese silencio dorado. La misma paz, el mismo silencio... Alguien cerca de mí habla de una fractura del cráneo. No quiero saber nada de esa frente inerte y sangrante, así que vuelvo la espalda al camino y voy hacia mi avión. Pero queda en mí una sensación de amenaza. Enseguida reconoceré ese ruido. Cuando roce mi planicie negra a doscientos kilómetros por hora, reconoceré la misma tos ronca, el mismo suspiro del destino que nos espera en la cita.

En ruta para Bengazi.

2

En ruta. Dos horas de día aún. He renunciado ya a mis gafas negras cuando abordo la Tripolitania. Y la arena se dora. ¡Dios mío, qué desierto está este planeta! Una vez más los ríos, las umbrías y los hogares de los hombres me parecen debidos a conjunciones del dichoso azar. ¡Qué inmensa la parte de roca y arena!

Pero todo eso me es extraño; yo vivo en el dominio del vuelo. Siento llegar la noche, en la que uno se encierra como en un templo, en la que se encierra, en el secreto de los ritos esenciales, dentro de una meditación sin socorros. Todo este mundo profano se desvanece ya, pronto desaparecerá. Todo este paisaje se nutre todavía de esta luz rubia, pero algo en él ya se disipa. Y no conozco nada, es decir, nada que pueda equipararse a esta hora del día. Y aquellos que han sufrido ese amor inexplicable del vuelo me comprenderán.

Poco a poco renuncio, pues, al sol. Renuncio a las grandes superficies doradas que me habrían acogido en caso de avería... Renuncio a los puntos de referencia que me habrían guiado. Renuncio a los perfiles de las montañas sobre el cielo que me habrían evitado los escollos. Me adentro en la noche. Navego. No tengo más compañía que las estrellas...

Esta muerte del mundo se produce lentamente. Y, así, poco a poco, desparece la luz. Y poco a poco se confunden la tierra y el cielo. Esta tierra asciende y parece extenderse como un vapor. Tiemblan los primeros astros como en un agua verde. Aún habrá que esperar largo tiempo hasta que se conviertan en duros diamantes. Aún tendré que esperar para asistir a los juegos silenciosos de las estrellas fugaces. En medio de ciertas noches he visto correr tantas chispas que me parecía que un gran viento soplaba entre las estrellas.

Mientras, Prévot hacía pruebas con lámparas fijas y lámparas de auxilio. Rodeamos las bombillas de papel rojo.

—Todavía un poco más...

Prévot añade una nueva capa; establece un contacto eléctrico. La luz es aún demasiado clara. Velaría —como en lo del fotógrafo— la pálida imagen del mundo exterior. Destruiría esa pulpa ligera que, a veces, en la noche, se adhiere todavía a las cosas. Se hace la noche. Aún no es noche profunda, cuando se despierta la vida. Todavía persiste un trozo de luna. Prévot va hacia el fondo y vuelve con un sándwich. Yo cojo un racimo de uvas. No tengo hambre. Ni hambre ni sed. No siento la menor fatiga; me parece que podría pilotar así durante diez años.

La luna ha muerto.

Bengazi se anuncia en la noche negra. Reposa en el fondo de una oscuridad tan profunda que no se adorna con ningún halo. Vi la ciudad justo cuando la sobrevolaba. Yo buscaba el campo, pero de pronto se encendieron sus balizas rojas. Las luces recortan un rectángulo negro. Viro. La luz de un faro apuntando al cielo sube recta como el chorro de una bomba de incendios, gira y traza sobre el campo una ruta de oro. Sigo virando, para asegurarme de los posibles obstáculos. Esta escala nocturna está admirablemente equipada. Aminoro e inicio la inmersión, como en el agua negra.

Son las once de la noche, hora local, cuando aterrizo. Ruedo hacia el faro. Oficiales y soldados, los más corteses del mundo, pasan de la sombra a la dura luz del proyector, visibles o invisibles por momentos. Entrego mis papeles; empiezan a llenar el depósito del avión. Mi tránsito estará en regla en veinte minutos.

—Haced un viraje y pasad encima de nosotros; si no, no sabremos si habéis despegado sin problemas.

En ruta. Ruedo sobre el camino de oro, hacia un claro sin obstáculo. Mi avión, tipo Simoun, despega su sobrecarga bastante antes de agotar el aire disponible. El proyector me sigue y me molesta para virar. Finalmente lo dejan; se han dado cuenta de que me deslumbraba. Doy media vuelta en posición vertical, cuando el proyector me da de nuevo en la cara, pero, apenas me ha tocado, huye de mí y dirige a otra parte su larga flauta de oro. Siento en esa muestra de consideración una extrema cortesía. Y, entonces, viro de nuevo hacia el desierto.

Los observatorios de París, Túnez y Bengazi me han anunciado viento en popa, de treinta a cuarenta kilómetros por hora. Cuento con trescientos kilómetros por hora de crucero. Pongo rumbo hacia el centro del segmento de ruta que une Alejandría a El Cairo. Evitaré así las zonas prohibidas de la costa y, a pesar de las derivas desconocidas que deba sufrir, tendré como referencia, sea a mi derecha, sea a mi izquierda, las luces de una u otra de aquellas ciudades o, más generalmente, por las del valle del Nilo. Navegaré tres horas y veinte minutos si no ha variado el viento. Tres horas cuarenta y cinco, si este amaina. Y yo comienzo a absorber mil cincuenta kilómetros de desierto.

Ya no hay luna. Ahora un betún negro que se ha dilatado hasta las estrellas. No divisaré una sola luz, no me beneficiaré de ninguna señal de referencia; salvo de la radio, ya no recibiré del hombre señal alguna antes del Nilo. Ni siquiera intento observar otra cosa que mi compás y mi Sperry. Ya nada me interesa, salvo el lento periodo de respiración de una estrecha línea de radium sobre la oscura pantalla del instrumento. Cuando Prévot se desplaza, yo corrijo suavemente las variaciones del centrado. Me elevo a dos mil, allí donde los vientos —según se me ha indicado— son favorables. A largos intervalos enciendo una lámpara para observar los indicadores del motor, que no son todos luminosos, pero la mayor parte del tiempo me encierro en las tinieblas, entre mis minúsculas constelaciones, que esparcen la misma luz mineral que las estrellas, la misma luz permanente y secreta, y que hablan el mismo lenguaje. También yo, como los astrónomos, leo un libro de mecánica celeste. También yo me siento estudioso y puro. Todo se ha extinguido en el mundo exterior. Queda Prévot, que se duerme después de haber aguantado bastante despierto, y, así, disfruto mejor de mi soledad. Queda el dulce ronquido del motor y, frente a mí, sobre el tablero de instrumentos, todas esas plácidas estrellas.

Entretanto, medito. No tenemos luna y estamos privados de radio. Ningún vínculo, ni el más tenue, nos ligará ya al mundo hasta que demos de frente contra la red de luz del Nilo. Estamos fuera de todo, y solo nuestro motor nos suspende y nos hace permanecer en medio de este betún. Atravesamos el gran valle negro de los cuentos de hadas, el que nos pone a prueba. Aquí, nada de socorro. Aquí, nada de perdón para los errores. Estamos encomendados a la voluntad de Dios.

Un rayo de luz se filtra por una junta del cuadro eléctrico. Despierto a Prévot para que lo apague. Este se remueve en la sombra como un oso, resopla, se adelanta. Se concentra en no sé qué combinación de pañuelos y de papel negro. El rayo de luz ha desaparecido. No encajaba en este mundo. No era de la misma calidad que la pálida y lejana luz del radium. Era una luz de mesilla de noche, y no una luz de estrella. Pero sobre todo me deslumbraba, borraba los otros fulgores.

Tres horas de vuelo. Una claridad que parece tener vida surge a mi derecha. Miro. Una larga estela luminosa, que hasta entonces no era visible, se prende a la lámpara del extremo del ala. Es un resplandor intermitente, tan pronto acentuado, tan pronto desvanecido: he aquí que entro en una nube. Es ella la que refleja mi lámpara. En la proximidad de mis señales de referencia, yo habría preferido un cielo puro. El ala se aclara bajo el halo. La luz se instala y se fija y resplandece, y forma allí un ramo de color de rosa. Remolinos profundos me hacen bascular. Navego en el vientre de un cúmulo, cuyo espesor desconozco. Me elevo hasta dos mil cinco y no emerjo. Desciendo de nuevo a mil metros. El ramo de flores está siempre allí, inmóvil y cada vez más brillante. Bueno. Todo bien. No pasa nada. Pienso en otra cosa. Ya se verá cuando salgamos de ella. Pero no me gusta esa luz de mal cariz.

Yo calculo: «Aquí bailo un poco, y es normal, pero he sufrido remolinos a lo largo de mi ruta, a pesar del cielo puro y de la altitud. El viento no ha amainado y no debo sobrepasar la velocidad de trescientos kilómetros por hora».

Después de todo no sé nada seguro; intentaré orientarme cuando salga de la nube.

Y uno sale de ella. El ramo se ha desvanecido bruscamente. Es su desaparición la que me anuncia el acontecimiento. Miro hacia delante y percibo, hasta donde se puede percibir algo, un estrecho valle de cielo y el muro del próximo cúmulo. El ramo ya se ha reanimado.

Ya no saldré de esta masa viscosa y adherente, salvo por algunos segundos. Después de tres horas y media de vuelo comienza a inquietarme, porque, si avanzo como imagino, me estoy aproximando al Nilo. Podría quizá descubrirlo con un poco de suerte a través de los corredores, pero estos no son nada numerosos. No me atrevo a descender todavía; en el caso de que esté yendo menos rápido de lo que supongo, podría estar volando aún sobre tierras altas.

No siento, de todos modos, inquietud alguna; temo simplemente arriesgarme a una pérdida de tiempo. Pero fijo un límite a mi serenidad: cuatro horas quince de vuelo. Transcurrido ese tiempo, aun con viento nulo —y el viento nulo es improbable—, habré pasado el valle del Nilo.

Cuando llego a los flecos de la nube, el ramo lanza sus luces con eclipses cada vez más precipitados; después se apaga de golpe. No me gustan esas comunicaciones cifradas con los demonios de la noche.

Una estrella verde emerge ante mí, radiante como un faro. ¿Es una estrella o es un faro? Tampoco me gusta esa claridad sobrenatural, ese astro de rey mago, esa invitación peligrosa. Prévot se ha despertado e ilumina los indicadores del motor. Lo aparto a él y a su lámpara. Acabo de abordar una falla entre dos nubes y la aprovecho para mirar hacia abajo. Prévot vuelve a dormirse.

Por lo demás no hay nada que mirar.

Cuatro horas y cinco minutos de vuelo. Prévot se ha sentado junto a mí.

—Deberíamos estar llegando a El Cairo...

—Eso creo...

—¿Aquello es una estrella o un faro?

He reducido un poco la potencia del motor, y eso es sin duda lo que ha despertado a Prévot. Es muy sensible a todas las variaciones de los ruidos del vuelo. Inicio un descenso lento para deslizarme bajo la masa de las nubes.

He consultado mi carta. De todas maneras, he llegado a las cotas cero; no arriesgo nada. Sigo descendiendo y viro de lleno hacia el norte. Así recibiré en mis ventanillas las luces de las ciudades. Seguramente las he sobrepasado; deben, pues, aparecer por la izquierda. Vuelo ahora bajo los cúmulos. Pero bordeo otra nube que desciende más abajo, sobre mi izquierda. Viro para no dejarme prender en su fleco, pongo rumbo norte-nordeste.

Esa nube se prolonga, indudablemente, hacia más abajo, y me tapa todo el horizonte. No me atrevo a perder más altitud. He alcanzado la cota cuatrocientos de mi altímetro, pero ignoro cuál es la presión. Prévot se inclina. Le grito: «¡Voy a enfilar hasta el mar, completaré el descenso allí, no sea que choquemos...!».

Imposible saber, por otra parte, si ya no estoy sobrevolando el mar. La oscuridad bajo esta nube es absolutamente impenetrable. Me pego a la ventanilla. Procuro leer allá abajo. Intento descubrir luces, señales. Soy un hombre que hurga entre cenizas. Un hombre que se esfuerza en encontrar los rescoldos de la vida en el fondo de un hogar.

—¡Un faro marino!

Los dos hemos visto al mismo tiempo esa trampa que de pronto se ha eclipsado. ¡Una cosa de locos! ¿Dónde estaba ese faro fantasma, esa invención de la noche? Pues fue en el preciso instante en que Prévot y yo nos inclinábamos para buscarlo de nuevo, cuando bruscamente...

—¡Ah!

No creo haber dicho nada más. Ni creo haber sentido otra cosa que un asombroso crujido que sacudió las bases de nuestro mundo. Nos habíamos estrellado contra el suelo a doscientos setenta kilómetros por hora.

Creo que, en la centésima de segundo que siguió, solo esperaba a la gran estrella púrpura de la explosión en la que ambos íbamos a confundirnos. Ni Prévot ni yo experimentamos ningún tipo de sentimiento. Tan solo noté en mí una espera interminable, la espera de esa estrella resplandeciente en la que ambos íbamos a desvanecernos en aquel instante. Pero no hubo ninguna estrella púrpura. Hubo una especie de temblor de tierra que arrasó nuestra cabina, arrancando las ventanillas, enviando las planchas a cien metros, llenándonos las entrañas con su rugido. El avión vibraba como un cuchillo que se ha lanzado desde lejos en la madera dura. Y esa cólera nos zarandeaba de un lado a otro. Un segundo, dos segundos, el avión seguía temblando y yo esperaba con una impaciencia monstruosa que sus provisiones de energía lo hiciesen estallar como una granada. Pero las sacudidas subterráneas se prolongaban sin llegar a la erupción definitiva. Y yo no entendía nada de esa acción invisible. No entendía aquel temblor, ni esa cólera, ni ese plazo interminable... cinco segundos, seis segundos...Y, bruscamente, experimentamos una sensación de rotación, un choque que también proyectó por la ventanilla nuestros cigarrillos, pulverizando el ala derecha; después nada. Tan solo una inmovilidad congelada. Entonces grité a Prévot:

—¡Salta ya!

Él gritó al mismo tiempo:

—¡Fuego!

Y ya habíamos salido por la ventanilla arrancada. Estábamos de pie, a veinte metros. Le dije a Prévot:

—¿Ninguna herida?

Respondió:

—¡Ninguna herida!

Pero se frotaba la rodilla.

Le dije:

—Pálpate el cuerpo, muévete, júrame que no tienes nada roto...

Y él me respondió:

—No es nada, es la bomba de repuesto...

Yo pensaba que iba a desplomarse bruscamente, abierto de la cabeza al ombligo, pero él repetía con los ojos fijos:

—Es la bomba de repuesto...

Yo pensaba: «Se ha vuelto loco, pronto empezará a bailar...».

Pero, desviando al fin su mirada del avión que se había salvado del fuego, me miró y dijo:

—No es nada, me he golpeado la rodilla con la bomba de repuesto.

3

Es inexplicable que estemos vivos. Con mi lámpara eléctrica en la mano, sigo las huellas del avión sobre el suelo. A doscientos cincuenta metros del punto en que se ha detenido, encontramos ya planchas y herrajes torcidos con las que ha salpicado la arena a lo largo de su recorrido. Cuando se haga de día, sabremos que hemos embestido casi tangencialmente una pendiente suave en la cima de una meseta desierta. En el lugar del impacto, se ve un agujero en la arena parecido al que produce una reja de arado. El avión, sin volcarse, ha recorrido ese camino sobre el vientre, con cólera y movimientos de cola de reptil. Se había arrastrado a una velocidad de doscientos setenta kilómetros por hora. Nosotros debíamos, sin duda, nuestra vida a estas piedras negras y redondas que ruedan libremente sobre la arena y que hicieron de rodamientos de bolas.

Prévot desconecta las baterías para evitar un incendio tardío por cortocircuito. Arrimado al motor, reflexiono: «Quizá, durante las cuatro horas y quince minutos que estuve volando, el viento soplase a cincuenta kilómetros por hora, ya que sentía constantes sacudidas. Pero, si hubo variaciones respecto a las previsiones, desconozco qué dirección habrá tomado. Así que debemos estar en un cuadrado de cuatrocientos kilómetros de lado».

Prévot se sienta junto a mí y me dice:

—Es increíble que estemos vivos...

No respondo y tampoco experimento ninguna alegría. Se me ha ocurrido una idea que se abre paso en mi cabeza y me atormenta ya ligeramente.

Le pido a Prévot que encienda su lámpara, para marcar un punto de referencia, y yo echo a andar con mi lámpara eléctrica en la mano. Voy mirando al suelo con atención. Avanzo lentamente, hago un amplio semicírculo, cambio varias veces de orientación. Hurgo constantemente el suelo, como si buscase un anillo que he perdido. Del mismo modo que, poco antes, buscaba los rescoldos en el hogar. Avanzo siempre en la oscuridad, inclinado sobre el disco blanco que me acompaña. Es eso... es eso... Vuelvo lentamente al avión. Me siento cerca de la cabina y medito. Yo buscaba un motivo de esperanza y no lo he encontrado. Buscaba una señal que me ofreciese la vida y la vida no me ha hecho señal alguna.

—Prévot, no he encontrado una sola brizna de hierba...

Prévot se calla; no sé si me ha entendido. Volveremos a hablar de ello al levantarse el telón, cuando sea de día. Solo siento solo una gran lasitud, y pienso: «¡A cuatrocientos kilómetros, en el desierto!». De un salto me pongo en pie.

—¡El agua!

Los depósitos de combustible y los de aceite han reventado. Nuestras reservas de agua también. La arena se lo ha bebido todo. Encontramos medio litro de café en el fondo de un termo roto, un cuarto de litro de vino blanco en el fondo de otro. Filtramos estos líquidos y los mezclamos. Encontramos también algo de uvas y una naranja. Pero yo hago mis cálculos: «En cinco horas de marcha, bajo el sol, en el desierto, esto se agota rápido...».

Nos instalamos en la cabina para esperar el día. Me tumbo para dormir. Mientras me va entrando el sueño, hago el balance de nuestra aventura: lo ignoramos todo respecto a nuestra posición. No tenemos ni un litro de líquido. Si nos hemos situado aproximadamente sobre la recta, nos encontrarán dentro de ocho días —difícilmente podemos esperar algo mejor— y será demasiado tarde. Si hemos derivado oblicuamente, nos encontrarán dentro de seis meses. No hay que contar con los aviones: ellos nos buscarán en un radio de tres mil kilómetros.

—¡Ah! Qué lástima... —me dice Prévot.

—¿Por qué?

—¡Podríamos haber acabado con esto de una vez por todas…!

Pero no hay que abdicar tan pronto. Prévot y yo nos recobramos. No hay que abandonar la esperanza, por débil que sea, de un salvamento milagroso desde el aire. Tampoco debemos quedarnos aquí y perder quizá la oportunidad de encontrar un oasis próximo. Caminaremos hoy durante todo el día. Y luego volveremos a nuestro aparato. E inscribiremos antes de partir nuestro programa en grandes mayúsculas sobre la arena.

Me acomodo, pues, hecho un ovillo para dormir hasta el alba. Y me siento feliz de adormecerme. Mi fatiga me envuelve como una múltiple presencia. No estoy solo en el desierto, mi duermevela está poblado de voces, de recuerdos y de confidencias susurradas. Todavía no tengo sed, me siento bien, me entrego al sueño como a la aventura. La realidad pierde terreno ante los sueños...

¡Ah!, qué distinto fue cuando se hizo de día.

4

He amado mucho el Sáhara. He pasado noches en terreno disidente. He despertado en esa extensión clara en la que el viento marca su oleaje, como sobre el mar. He esperado allí auxilio durmiendo bajo el ala, pero esto no es comparable a nada.

Caminamos por la vertiente de sinuosas colinas. El suelo es de arena enteramente recubierta de una sola capa de guijarros brillantes y negros. Se dirían escamas de metal, y todos los domos que nos rodean brillan como armaduras. Hemos aterrizado en un mundo mineral. Estamos atrapados en un paisaje de hierro.

Franqueada la primera cresta se anuncia, más lejos, otra cresta parecida, brillante y negra. Caminamos raspando el suelo con los pies, inscribiendo un hilo conductor, para poder volver más tarde. Avanzamos de cara al sol. He decidido, contra toda lógica, dirigirnos al este. Pues todo me incita a creer que he sobrepasado el Nilo; la meteorología, el tiempo de vuelo. Pero, antes, intenté ir hacia el oeste, y de pronto sentí un malestar que no podía explicarme. Entonces dejé el oeste para el día siguiente. Y he sacrificado provisionalmente el norte que, sin embargo, conduce al mar. Tres días más tarde, cuando tomemos, en un estado cercano al delirio, la decisión de abandonar nuestro aparato y de seguir adelante hasta caer exhaustos, será de nuevo hacia el este hacia donde partiremos, más exactamente hacia el este-nordeste, y será de nuevo contra toda lógica e incluso sin esperanza alguna. Y descubriremos, una vez a salvo, que ninguna otra dirección nos habría permitido volver, pues hacia el norte, demasiado agotados, tampoco habríamos alcanzado el mar. Por absurdo que me parezca hoy, creo que elegí aquella dirección, sin dato alguno que confirmase que era la correcta, porque era la misma que le había salvado la vida a mi amigo Guillaumet en los Andes, donde lo busqué durante tanto tiempo. Se había convertido para mí, confusamente, en la dirección que conduce a la vida.

Después de cinco horas de marcha, el paisaje cambia.

Un río de arena parece discurrir por un valle y avanzamos por ese fondo de valle. Caminamos a grandes pasos; es necesario ir lo más lejos posible y regresar antes de la noche, si no hemos descubierto nada. De pronto me detengo.

—Prévot.

—¿Qué?

—Las huellas...

¿Desde cuándo habíamos olvidado dejar un surco detrás de nosotros? Si no volvemos a encontrarlo, muerte segura.

Regresamos sobre nuestros pasos, pero sesgando hacia la derecha. Cuando hayamos andado bastante, giraremos perpendicularmente hacia nuestra primera dirección, y así encontraremos nuestras huellas, allí donde todavía las marcábamos. Reanudado de este modo el hilo, volvemos a avanzar. El calor aumenta y con él vienen los espejismos. Pero no son todavía más que espejismos elementales. Grandes lagos se forman y se desvanecen cuando avanzamos. Decidimos franquear el valle de arena y escalar el domo más elevado, a fin de observar el horizonte. Caminamos desde hace ya seis horas. Debemos de haber recorrido, a grandes zancadas, treinta y cinco kilómetros. Llegamos así a esta grupa negra donde nos hemos sentado en silencio. El valle de arena, a nuestros pies, desemboca en un desierto de arena sin piedras, cuya resplandeciente luz blanca quema los ojos. Hasta donde alcanza la vista, reina el vacío. Pero, en el horizonte, juegos de luces componen espejismos ya más turbadores. Fortalezas y minaretes, masas geométricas de líneas verticales. Observo también una gran mancha negra que simula vegetación, pero está a plomo bajo la última de esas nubes que se disuelven por el día y que renacerán de noche. No es más que la sombra de un cúmulo. Es inútil avanzar más, esta tentativa no lleva a ninguna parte. Hay que volver junto al avión, esa baliza roja y blanca que, quizá, observen los compañeros. Aunque no albergo ninguna esperanza en ellas, estas búsquedas se me aparecen como la única probabilidad de salvación. Pero, sobre todo, hemos dejado allá nuestras últimas gotas de líquido y necesitamos beberlas sin tardanza. Tenemos que volver para vivir. Somos prisioneros de este círculo de hierro: la corta autonomía de nuestra sed.

Pero ¡qué difícil es volver cuando acaso se caminaba hacia la vida! Quizá, más allá de los espejismos, el horizonte es rico en ciudades auténticas, canales de agua dulce y praderías. Sé que lo razonable es volver. Y tengo, sin embargo, la impresión de zozobrar cuando doy este terrible golpe de timón.

Nos hemos acostado junto al avión. Hemos recorrido más de sesenta kilómetros. Hemos agotado nuestras provisiones de líquido. No hemos descubierto nada yendo hacia el este, ni ningún compañero ha volado sobre este territorio. ¿Cuánto tiempo resistiremos? Tenemos ya tanta sed...

Construimos una gran pira con algunos fragmentos del ala pulverizada. Preparamos el combustible y las planchas de magnesio que dan un duro fulgor blanco. Hemos esperado a que fuese completamente de noche para encender nuestra hoguera... Pero ¿dónde están los hombres?

Ahora la llama sube. Vemos arder con recogimiento nuestro faro en el desierto. Contemplamos cómo resplandece en la noche nuestro silencioso y radiante mensaje. Y pienso que, si hay en él una llamada desesperada, también hay mucho de amor. Pedimos de beber, pero pedimos también comunicarnos. ¡Que otro fuego se encienda en la noche, solo los hombres disponen del fuego, que ellos nos respondan!

Vuelvo a ver los ojos de mi mujer. No veré ya nada más que estos ojos. Interrogan. Vuelvo a ver los ojos de todos aquellos que, quizá, me quieren. Y estos ojos también interrogan. Toda una asamblea de miradas me reprocha mi silencio. ¡Yo respondo! ¡Respondo con todas mis fuerzas, no puedo lanzar llama más radiante en la noche!

He hecho lo que he podido. Hemos hecho lo que hemos podido: sesenta kilómetros sin apenas beber. Ahora ya no beberemos más. ¿Acaso es culpa nuestra si no podemos esperar mucho más tiempo? Podríamos habernos quedado allí, tan juiciosamente, chupando de nuestras cantimploras. Pero, desde el instante en que aspiré el fondo del cubilete de estaño, un reloj se puso en marcha. Desde el instante en que absorbí la última gota, comencé a descender una pendiente. ¿Qué puedo hacer si el tiempo me lleva como un río? Prévot llora. Le doy unas palmadas en el hombro. Le digo para consolarle:

—Si estamos jodidos, estamos jodidos...

Él me responde:

—Si crees que estoy llorando por mí...

¡Ah, no hay duda, acabo de descubrir algo evidente! Que nada es intolerable. Apenas creo en el suplicio. Y me he hecho alguna vez esta reflexión. Un día, creí que iba a ahogarme, aprisionado en una cabina, y no sufrí demasiado. En varias ocasiones, creía haberme abierto la cabeza y no me pareció ningún acontecimiento de gran importancia. Aquí tampoco conoceré apenas la angustia. Mañana sabré, a este propósito, cosas más extrañas todavía. ¡Y sabe Dios si no habré ya renunciado a hacerme oír por los hombres, pese a mi gran hoguera...!

«Si crees que estoy llorando por mí...». Sí, sí, he ahí lo intolerable. Cada vez que vuelvo a ver estos ojos que esperan, siento una quemadura en mi interior, se apodera de mí el súbito deseo de levantarme y de echar a correr hacia delante. ¡Allí claman socorro, se naufraga!

Es una extraña tergiversación de papeles, pero he pensado siempre que es así. Sin embargo, necesitaba a Prévot para estar completamente seguro. Pues bien, Prévot tampoco sentirá esa angustia ante la muerte con que nos remachan los oídos. Pero hay algo que él no soporta, ni yo tampoco.

¡Ah! Acepto con gusto el dormirme, dormirme por la noche o durante siglos. Si me duermo, desconozco la diferencia. Y después, ¡qué paz! Pero no soporto la idea de esos gritos que darán allí, esas grandes llamas de desesperación; no, no soporto esa imagen. No puedo cruzarme de brazos ante esos naufragios. Cada segundo de silencio asesina un poco a los que amo. Y una enorme rabia camina hacia mí: ¿por qué estas cadenas que me impiden llegar a tiempo y socorrer a los que se están hundiendo? ¿Por qué nuestro incendio no lleva nuestro grito al fin del mundo? ¡Paciencia…! ¡Llegamos…! ¡Llegamos…! ¡Somos los salvadores!

El magnesio se ha consumido y nuestro fuego enrojece. No hay aquí más que un montón de brasa sobre el cual, inclinados, nos calentamos. Se acabó nuestro gran mensaje luminoso. ¿Qué ha puesto él en marcha en el mundo? ¡Ah! Sé con certeza que no ha puesto nada en marcha. Se trataba de una oración que no ha sido oída.

Está bien. Me iré a dormir.

5

Al amanecer, recogimos de las alas, enjuagándolas con un trapo, rocío mezclado de pintura y de aceite: solo el fondo de un vaso. Era repulsivo, pero lo bebimos. A falta de nada mejor habremos, al menos, mojado nuestros labios. Después de este festín, Prévot me dice:

—Por fortuna tenemos el revólver.

Me siento bruscamente agresivo, y me vuelvo hacia él con una dura hostilidad. Nada odiaría tanto, en este momento, como una efusión sentimental. Tengo una necesidad extrema de considerar que todo es sencillo. Es sencillo nacer. Es sencillo crecer. Y sencillo morir de sed.

Y observo de reojo a Prévot, dispuesto a herirle si es necesario para que se calle. Pero Prévot me hablaba con tranquilidad. Se refería a una cuestión de higiene. Había abordado el asunto como si me dijera: «Tendríamos que lavarnos las manos». Estamos, pues, de acuerdo. Ayer, yo también pensé en ello reparando en la funda de cuero. Mis reflexiones eran razonables y no patéticas. Solo lo social es patético. Nuestra impotencia para reconfortar a aquellos de los que somos responsables lo es. Y no el revólver.

No se nos busca todavía o, más exactamente, se nos busca sin duda en otra parte. Probablemente en Arabia. No oiremos, por lo demás, ningún avión antes de mañana, cuando habremos ya abandonado el nuestro. Ese único paso, tan lejano, nos dejará entonces indiferentes. Seremos solo unos puntos negros mezclados con otros mil puntos negros en el desierto, por lo que no podemos pretender que adviertan nuestra presencia. Nada, de las reflexiones que se me atribuirán sobre este suplicio, es exacto. No sufriré ningún suplicio. Me parecerá que los salvadores circulan en otro universo.

Son necesarios quince días de búsqueda para encontrar en el desierto, en una extensión de tres mil kilómetros aproximadamente, un avión del que nada se sabe: ahora se nos busca probablemente de Tripolitania a Persia. Sin embargo, hoy me reservo aún esta escasa probabilidad, puesto que no hay otra. Y, cambiando de táctica, decido irme solo de exploración. Prévot preparará un fuego y lo encenderá en caso de visita, pero nadie nos visitará.

Me voy, pues, y no sé siquiera si tendré fuerzas para regresar. Me viene a la memoria lo que sé del desierto de Libia. En el Sáhara hay un 40 por ciento de humedad, mientras que aquí baja hasta el 18 por ciento. Y la vida se disipa como un vapor. Los beduinos, los viajeros, los oficiales coloniales explican que se resisten diecinueve horas sin beber. Después de veinte horas, los ojos se llenan de luz y el fin se acerca: el avance de la sed es fulminante.

Pero este viento del nordeste, este viento anormal que nos ha engañado, que, en contra de toda previsión, nos ha clavado sobre esta planicie, ahora sin duda nos mantiene. Pero ¿qué plazo nos concederá antes de la hora de las primeras luces?

Me voy, pues, pero me parece que me embarco en canoa sobre el océano.

Y, sin embargo, gracias a la aurora, este decorado me parece menos fúnebre. Y al principio camino con las manos en los bolsillos, como si fuese un merodeador. Ayer noche tendimos lazos en la boca de algunas madrigueras misteriosas, y el cazador furtivo se despierta en mí. Me voy primero a inspeccionar los lazos: están vacíos.

No beberé, pues, sangre. A decir verdad, no lo esperaba. No estoy decepcionado, sino intrigado. ¿De qué viven esos animales en el desierto? Se trata, sin duda, de fenecos o zorros del desierto, pequeños carnívoros gruesos como conejos y ornados de enormes orejas. No resisto a mi deseo de seguir las huellas de uno. Ellas me arrastran hacia un estrecho río de arena en que todos los pasos se imprimen claramente. Admiro la linda palma que forman tres dedos en abanico. Imagino a mi amigo trotando tranquilamente en el alba, y lamiendo el rocío sobre las piedras. Aquí, las huellas se espacian: mi feneco ha corrido. Aquí, ha llegado un compañero y han trotado juntos. Asisto así, con una rara alegría, a este paseo matinal. Amo estas señales de vida. Y, por unos instantes, casi me olvido de que tengo sed...

Al fin llego a la despensa de mis zorros. Emerge aquí, a ras de la arena, cada cien metros, un minúsculo arbusto seco de la talla de una sopera, con los troncos cargados de minúsculos caracoles dorados. El feneco va, con el alba, a hacer sus provisiones. Y me tropiezo aquí con un gran misterio natural.

Mi feneco no se detiene en todos los arbustos. Hay algunos cargados de caracoles, que él desdeña. Otros a los que rodea con una visible prudencia. Otros que aborda, pero sin arrasarlos. Se lleva dos o tres conchas y después cambia de restaurante.

¿Juega a no apaciguar el hambre de una vez, para gozar de un placer más duradero en su paseo matinal? No lo creo. Su juego coincide demasiado bien con una táctica de supervivencia. Si el feneco se saciase de los productos del primer arbusto, lo despojaría, en dos o tres comidas, de su carga viviente. Y así, de arbusto en arbusto, aniquilaría su cría. Pero el feneco cuida mucho de perjudicar la siembra. Y no solo se dirige a un centenar de esos matorrales pardos para una sola comida, sino que, además, nunca coge dos conchas vecinas de la misma rama. Todo sucede como si tuviera conciencia del riesgo. Si se saciase sin precaución, dejaría de haber caracoles. Y, si allí no hubiese caracoles, no habría fenecos.

Las huellas me llevan a la madriguera. Sin duda el feneco está allí y me oye, espantado por el estruendo de mis pasos. Y le digo: «Mi pequeño zorrito, estoy jodido, pero es curioso, eso no me ha impedido interesarme por tu humor...».

Y me quedo allí soñando, y me parece que uno se adapta a todo. La idea de morir acaso dentro de treinta años no disminuye las alegrías de un hombre. Treinta años. Tres días... es una cuestión de perspectiva.

Pero hay que olvidar ciertas imágenes...

Prosigo mi ruta, y algo, con la fatiga, empieza en mí a transformarse. Si no hay espejismos, los invento...

—¡Eh!

He levantado los brazos gritando, pero ese hombre que gesticulaba no era más que un peñasco negro. Todo se anima ya en el desierto. He querido despertar a ese beduino que dormía y se ha transformado un en tronco de árbol negro. ¿En un tronco de árbol? Esta presencia me sorprende y me inclino. Quiero levantar una rama rota: ¡es de mármol! Me enderezo y miro alrededor; advierto otros mármoles negros. El suelo está sembrado de una selva antidiluviana de fustes rotos, que se ha desmoronado como una catedral, cien mil años ha, bajo un huracán del Génesis. Y los siglos han hecho rodar hasta mí estos trozos de columnas gigantes, pulidos como piezas de acero, petrificadas, vitrificadas, del color de la tinta. Distingo todavía el nudo de las ramas, percibo las torsiones de la vida, cuento los anillos del tronco. Esta selva que estuvo llena de pájaros y de música ha sido objeto de maldición y convertida en sal. Y siento que este paisaje me es hostil. Más negras que aquella armadura de hierro de las colinas, estos despojos solemnes me rechazan. ¿Qué tengo que hacer aquí, vivo, entre estos mármoles incorruptibles? Yo, perecedero, yo, cuyo cuerpo se disolverá, ¿qué tengo que hacer aquí en la eternidad?

Desde ayer he recorrido ya cerca de ochenta kilómetros. Debo sin duda a la sed este vértigo. O al sol. Brilla sobre estos fustes que parecen carámbanos de aceite. Brilla sobre este caparazón universal. No hay aquí ni arena, ni zorros. No hay aquí más que un inmenso yunque. Y camino sobre él. Y siento, en mi cabeza, retumbar el sol. ¡Ah! Allí...

—¡Eh! ¡Eh!

—No hay nada allí, no te alteres, es fruto del delirio.

Me hablo así a mí mismo, porque necesito apelar a mi razón. Tan difícil me es rechazar lo que veo. ¡Tan difícil no correr hacia esa caravana en marcha.... allí... lo ves…!

—Imbécil, sabes muy bien que eres tú quien lo inventas...

—Entonces, nada en el mundo es verdadero...

Nada es verdadero, sino aquella cruz a veinte kilómetros de mí sobre la colina. Cruz o faro...

Pero esa no es la dirección del mar. Entonces es una cruz. Me pasé toda la noche estudiando el mapa. Mi trabajo era inútil, puesto que ignoraba mi posición. Pero me inclinaba sobre todos los signos que indicasen la presencia del hombre. Y, en una parte, descubrí un pequeño círculo coronado por una cruz semejante. Busqué la leyenda y leí: «Establecimiento religioso». Al lado de la cruz, vi un punto negro. Busqué la leyenda correspondiente y leí: «Pozo permanente». Mi corazón se desbocó y volví a leer en voz alta: «¡Pozo permanente... Pozo permanente... Pozo permanente!». Alí Babá y sus tesoros, ¿qué valor tiene eso comparado con un pozo permanente? Un poco más lejos observé dos círculos blancos. Leí sobre la leyenda: «Pozo temporal». Eso ya no era tan hermoso. Después, en los alrededores, no había nada. Nada.

¡He ahí mi establecimiento religioso! ¡Los monjes han erigido una gran cruz sobre la colina para llamar a los náufragos! Y solo tengo que dirigirme hacia ella. Solo tengo que correr hacia esos dominicanos...

—Pero en Libia no hay más que monasterios coptos...

—... Hacia esos dominicanos estudiosos. Ellos poseen una hermosa cocina fresca, de baldosines rojos, y, en el patio, una maravillosa bomba oxidada. Bajo la bomba oxidada, bajo la bomba oxidada, lo habréis adivinado... ¡bajo la bomba oxidada está el pozo permanente! ¡Ah! ¡Qué fiesta cuando yo llame a la puerta, cuando tire de la gran campana...!

—Imbécil, estás describiendo una casa de Provenza, donde, además, no hay campana.

— ... ¡Cuando tire de la gran campana! El portero levantará los brazos al cielo y gritará: «¡Sois un enviado del Señor!», y llamará a todos los monjes. Y ellos se precipitarán hacia mí. Y me festejarán como a un niño pobre. Y me empujarán hacia la cocina. Y me dirán: «Un segundo, un segundo nada más, hijo mío... vamos corriendo al pozo permanente...».

Y yo, yo temblaré de felicidad...

—Pero no, no quiero llorar, por la única razón de que ya no hay ninguna cruz sobre la colina.

Las promesas del oeste no son más que mentiras. He girado de lleno hacia el nordeste.

El nordeste, al menos, está henchido del canto del mar.

¡Ah! Franqueada esta cresta, el horizonte se despliega. He aquí la más bella ciudad del mundo.

—Sabes muy bien que es un espejismo... Yo sé muy bien que es un espejismo. ¡A mí no se me engaña! Pero ¿y si me gusta sumergirme en un espejismo? ¿Si me gusta no perder la esperanza? ¿Si me place amar esta ciudad almenada y toda empavesada de sol? ¿Si me place avanzar en línea recta con ágiles pasos, puesto que ya no siento fatiga, puesto que soy feliz...? ¡Prévot y su revólver! ¡Permitid que me ría! Prefiero mi embriaguez. ¡Yo estoy ebrio! ¡Yo me muero de sed!

El crepúsculo me serenó. Me detuve bruscamente,

aterrado de sentirme tan lejos. Al llegar el crepúsculo, mueren los espejismos. El horizonte se desnuda de su pompa, de sus palacios, de sus vestidos sacerdotales. Es un horizonte de desierto.

—¡Estás en un aprieto, amigo! Se te viene la noche encima, tendrás que esperar al día, y mañana tus huellas habrán desaparecido y tú ya no estarás en ninguna parte.

—Entonces lo mismo da seguir adelante... ¿Para qué volver?

No quiero hacer ese viaje cuando podría estar a punto de abrir, cuando ya abría los brazos sobre el mar...

—¿Dónde has visto tú el mar? Por lo demás, no lo alcanzarás nunca. Trescientos kilómetros sin duda te separan de él. ¡Y Prévot aguarda cerca del Simoun! Y quizá, una caravana lo ha visto...

Sí, voy a volver, pero primero llamaré a los hombres:

—¡Eh!

Este planeta, buen Dios, está, sin embargo, habitado...

—¡Eh! ¡Hombres…!

Me quedo ronco. Ya no tengo voz. Me siento ridículo de gritar así... Suelto una vez más:

—¡Hombres!

Resulta un sonido enfático y pretencioso. Y doy media vuelta.

Después de dos horas de marcha, diviso las llamas que Prévot, que temía que me hubiese perdido, lanza hacia el cielo. ¡Ah…! Eso me importa tan poco...

Todavía una hora de marcha... Todavía quinientos metros... Todavía cien metros. Todavía cincuenta.

—¡Ah!

Me he detenido estupefacto. La alegría está a punto de inundarme el corazón y contengo su violencia. Prévot, iluminado por el brasero, habla con dos árabes arrimados al motor. Todavía no me ha visto. Está demasiado ocupado con su propia alegría. ¡Ah! ¡Si yo hubiera esperado como él... estaría ya liberado! Grito alegremente:

—¡Eh!

Los dos beduinos se sobresaltan y me miran. Prévot los deja y avanza hacia mí. Abro los brazos. Prévot me retiene por el codo. ¿Estaba a punto de caerme?

Le digo:

—¡Por fin, ya está!

—¿El qué?

—¡Los árabes!

—¿Qué árabes?

—¡Los árabes que están ahí contigo…!

Prévot me mira extrañado y tengo la impresión de que me confía, a su pesar, un grave secreto:

—Aquí no hay árabes...

Sin duda, esta vez sí voy a llorar.

6

Se puede vivir aquí diecinueve horas sin agua, ¿y qué hemos bebido nosotros desde ayer noche? ¡Algunas gotas de rocío al alba! Pero el viento del nordeste persiste y hace un poco más lenta nuestra evaporación. Esta pantalla favorece además, en el cielo, las altas formaciones de nubes. ¡Ah, si derivasen hasta nosotros, si pudiese llover! Pero no llueve nunca en el desierto.

—Prévot, cortemos en triángulos un paracaídas. Fijaremos con piedras esos paños al suelo. Y si el viento no ha cambiado, al amanecer, torciendo los paños, recogeremos el rocío en uno de los depósitos de combustible.

Hemos alineado los seis paños blancos bajo las estrellas, y Prévot ha desmontado un depósito. Solo nos resta ahora aguardar el día.

Prévot descubre entre los despojos una naranja milagrosa. Nos la repartimos. Con tan poca cosa estoy alborozado, cuando necesitaríamos veinte litros de agua.

Tumbado cerca de nuestro fuego nocturno miro ese fruto luminoso y digo: «Los hombres no saben lo que es una naranja...». Me digo también: «Estamos condenados y una vez más siento que esta certeza no me frustra el placer. Esta media naranja que tengo en la mano me causa una de las mayores alegrías de mi vida...». Me tumbo de espaldas, saboreo la fruta, cuento las estrellas errantes. Heme aquí, por un momento, infinitamente feliz. Y me digo aún: «El mundo en cuyo orden vivimos no se puede adivinar si uno mismo no está encerrado en él». Solo hoy comprendo la importancia del cigarrillo y del vaso de ron del condenado a muerte. Yo no concebía que aceptase esa miseria. Y, sin embargo, él halla en eso un gran placer. Si ese hombre sonríe, uno se lo imagina valeroso. Pero él sonríe de beber su ron. Uno no sabe que él ha cambiado ya de perspectiva y ha hecho, de esta última hora, una vida entera.

Hemos recogido una enorme cantidad de agua: dos litros, tal vez. ¡Se acabó la sed! ¡Estamos salvados, al fin podremos beber!

Tomo del depósito el contenido de un vaso de estaño, pero esta agua es de un bello verde amarillo y, al primer sorbo, me resulta de un gusto tan espantoso que, a pesar de la sed que me atormenta, antes de acabar el trago, tomo aliento. Bebería barro, sin embargo, pero ese gusto de metal envenenado es más fuerte que mi sed.

Observo a Prévot, que mira de un lado a otro el suelo, como si buscase alguna cosa. De pronto se inclina y vomita, sin dejar de mirar alrededor. Treinta segundos más tarde, llega mi turno. Soy presa de tales convulsiones que caigo de rodillas, con los dedos hundidos en la arena. No nos hablamos; durante un cuarto de hora, permanecemos así, con el cuerpo convulsionado, sin vomitar más que un poco de bilis.

Se acabó. Ahora ya no siento más que una náusea lejana. Pero hemos perdido nuestra última esperanza. Ignoro si nuestro fracaso es debido al apresto del paracaídas o al sedimento de tetrocloruro de carbono que deja un sarro en el depósito. Habríamos necesitado otros recipientes u otros lienzos.

Entonces ¡démonos prisa! Es de día. ¡En marcha! Vamos a huir de esta planicie maldita y a avanzar hacia delante, todo recto, a grandes pasos, hasta caer rendidos.

Sigo así el ejemplo de Guillaumet en los Andes: desde ayer pienso mucho en él. Infrinjo la consigna formal de permanecer aquí, junto al despojo. Aquí ya no nos buscarán.

Una vez más descubrimos que no somos nosotros los náufragos. ¡Los náufragos son los que esperan! Aquellos a quienes amenaza nuestro silencio. Aquellos que están ya destrozados por un abominable error. No puede uno menos de correr hacia ellos. ¡Guillaumet también, al regreso de los Andes, me contó que él corría hacia los náufragos! Esta es una verdad universal.

—Si yo estuviera solo en el mundo —me dijo Prévot—, me habría limitado a tumbarme en el suelo.

Y seguimos adelante hacia el este-nordeste. Si hemos franqueado ya el Nilo, cada paso que damos nos sumerge más profundamente en el espesor del desierto de Arabia.

De esa jornada, no recuerdo más. ¡Solo recuerdo que tenía prisa! Mi prisa hacia cualquier cosa, hacia el instante en el que caería exhausto. Recuerdo también haber caminado mirando al suelo; estaba harto de los espejismos. De tanto en tanto rectificábamos el rumbo con la brújula. Algunas veces nos tumbábamos para tomar aliento. En alguna parte tiré mi impermeable, que conservaba para la noche. Ya no sé nada más. Mis recuerdos solo se reanudan con el frescor del atardecer. Yo era como la arena, y todo en mí se ha borrado.

Al ponerse el sol, decidimos acampar. Sé muy bien que deberíamos proseguir la marcha: esta noche sin agua acabará con nosotros. Pero hemos traído los paños de tela del paracaídas. Si el veneno no procede del apresto, podría ser que mañana por la mañana tuviésemos agua para beber. Deberemos tender una vez más nuestros lazos al rocío, bajo las estrellas.

Pero esta tarde el cielo está limpio de nubes hacia el norte. El viento ha cambiado de sabor. Por tanto, ha cambiado de dirección. El soplo caliente del desierto ya nos roza. ¡Se trata del despertar de la fiera! Siento ya que nos lame las manos y la cara...

Pero si continúo avanzando no llegaré a los diez kilómetros. Desde hace tres días, sin beber, he cubierto ya más de ciento ochenta...

Pero en el instante de hacer un alto, Prévot me dijo:

—Te juro que eso es un lago.

—¡Estás loco!

—A estas horas, con el crepúsculo, ¿podría ser un espejismo?

No respondo. He renunciado desde hace tiempo a creer en mis ojos. Quizá no sea un espejismo, pero entonces es fruto de nuestra locura. ¿Cómo es posible que Prévot crea todavía en su lucidez? Prévot se obstina:

—Está a veinte minutos, voy a ver...

Esa terquedad me irrita.

—Ve a ver, ve a tomar el aire... es excelente para la salud. Pero, si tu lago existe, el agua será salada, deberías saberlo. Salado o no, está en el quinto infierno. Y, sobre todo, no existe.

Prévot, con los ojos fijos, se aleja ya. ¡Conozco esas fabulosas atracciones! Y pienso: «También hay sonámbulos que van derechos a arrojarse bajo las locomotoras».

Sé que Prévot no volverá. El vértigo del vacío se adueñará de él y no podrá ya volver atrás. Y caerá exhausto un poco más lejos. Y morirá de un lado, el suyo, y yo del mío. ¡Y todo esto tiene tan poca importancia...!

Esta indiferencia que me ha invadido no es un buen augurio. Cuando estaba a punto de ahogarme, sentí esa misma paz. Pero la aprovecho para escribir una carta póstuma, tumbado boca abajo sobre las piedras. Mi letra es muy hermosa, muy digna. Prodigo en ella sabios consejos. Experimento al leerla un vago placer de vanidad. Se dirá de ella: «He aquí una admirable carta póstuma. ¡Lástima que haya muerto!». También quisiera saber dónde estoy. Intento producir saliva: ¿cuántas horas hace que no he escupido? Ya no tengo saliva. Si mantengo la boca cerrada, una materia viscosa sella mis labios. Se seca y forma exteriormente un duro relleno. Sin embargo, aún consigo tragar. Y mis ojos no se llenan todavía de luces. Cuando ese radiante espectáculo se me ofrezca, significará que me quedan dos horas.

Es de noche. La luna ha crecido desde la noche anterior. Prévot no ha vuelto. Estoy tumbado sobre la espalda y pienso en estas evidencias. Siento en mí una antigua sensación. Intento definirla. Estoy... estoy... ¡Estoy en un barco! Iba hacia América del Sur y me había tumbado así sobre el puente superior. La punta del mástil se bamboleaba lentamente entre las estrellas. Aquí no hay ningún mástil, pero navego igualmente hacia un destino que no depende ya de mis esfuerzos. Unos negreros me lanzaron, atado, sobre un barco.

Pienso en Prévot, que no ha vuelto. No le he oído quejarse una sola vez. Eso está bien. Me habría sido insoportable oírlo gemir. Prévot es un hombre.

¡Ah! ¡Ahí está, a quinientos metros agitando su lámpara! ¡Ha perdido su rastro! No tengo lámpara para responderle, me levanto, grito, pero él no me oye...

Una segunda lámpara se enciende a doscientos metros de la suya, una tercera... ¡Buen Dios, es una batida, y me están buscando!

Grito:

—¡Eh!

Pero no me oyen.

Las tres lámparas prosiguen con sus señales de llamada.

Esta noche no estoy loco. Me siento bien. Estoy en paz. Miro con atención. Hay tres lámparas a quinientos metros.

—¡Eh!

Pero siguen sin oírme.

Entonces soy presa de un breve pánico. El único que experimentaré. ¡Ah, todavía puedo correr! «Esperad... esperad...». ¡Se van a ir! ¡Van a alejarse, a buscar por otra parte, y yo voy a caerme! ¡Voy a caerme ante el umbral de la vida, cuando había brazos para recibirme...!

—¡Eh! ¡Eh!

—¡Eh!

Me han oído. Me ahogo, me ahogo, pero corro todavía. Corro en la dirección de la voz: «¡Eh!», veo a Prévot y me caigo.

—¡Ah! Cuando he visto todas esas lámparas…

—¿Qué lámparas?

Es cierto, él está solo.

Esta vez no experimento ninguna desesperación, sino una ira sorda.

—¿Y tu lago?

—Se alejaba a medida que yo avanzaba. Y he avanzado hacia él durante media hora. Pasada media hora, estaba demasiado lejos. Y he vuelto. Pero ahora estoy seguro de que es un lago…

—Estás loco, absolutamente loco. ¡Ay! ¿Por qué has hecho eso…? ¿Por qué?

¿Qué ha hecho? ¿Por qué lo ha hecho? Lloraría de indignación, e ignoro por qué estoy tan indignado. Y Prévot me explica con una voz que se quiebra:

—Deseaba tanto encontrar agua… ¡Tienes los labios tan blancos!

¡Ah! Mi ira se abate… Paso una mano por la frente, como si despertase, y me siento triste. Y le cuento en tono pausado:

—He visto, como te veo a ti ahora, he visto claramente, sin ninguna duda, tres luces… ¡Te digo que las he visto, Prévot!

Prévot permanece callado unos instantes.

—Sí —admite al fin—, esto no pinta bien.

La tierra irradia deprisa sobre esta atmósfera sin vapor de agua. Hace ya mucho frío. Me levanto y camino.

Pero enseguida soy presa de un insoportable temblor. Mi sangre deshidratada circula muy mal, y me invade un frío glacial que no es solo el frío de la noche. Mis mandíbulas castañetean y todo mi cuerpo se estremece. Ya no puedo servirme de una lámpara eléctrica debido al intenso temblor de mi mano. Nunca he sido sensible al frío y, sin embargo, voy a morir de frío… Qué extraño efecto de la sed.

He dejado caer mi impermeable en alguna parte, cansado de llevarlo encima durante el calor. Y el viento empeora poco a poco. Y descubro que en el desierto no hay refugio. El desierto es liso como un mármol. No ofrece sombra durante el día, y por la noche te entrega desnudo al viento. Ni un árbol, ni un seto, ni una piedra para abrigarme. El viento carga sobre mí, como una caballería en terreno descubierto. Giro en redondo para huir de él. Me acuesto y vuelvo a levantarme. Acostado o de pie, estoy igualmente expuesto a este látigo de hielo. No puedo correr, no tengo ya fuerzas, no puedo huir de estos asesinos y caigo de rodillas, las manos en la cabeza, bajo el azote de la arena.

Me doy cuenta más tarde; me había levantado y caminaba hacia delante, siempre tiritando. ¿Dónde estoy? ¡Ah, acabo de marcharme, oigo a Prévot! Son sus llamadas las que me han despertado…

Regreso junto a él, siempre agitado por este temblor, por este hipo de todo el cuerpo. Y me digo: «Esto no es el frío. Es otra cosa. Es el fin». Estoy ya muy deshidratado. ¡Caminé tanto anteayer y ayer cuando iba solo! Me apena que sea el frío el que acabe conmigo. Habría preferido mis espejismos interiores. Aquella cruz, los árboles, las lámparas. Después de todo, aquello empezaba a interesarme. No me gusta ser flagelado como un esclavo...

Heme aquí otra vez de rodillas.

Hemos traído un pequeño botiquín. Cien gramos de éter puro, cien de alcohol de noventa y un frasco de iodo. Intento beber dos o tres sorbos de éter puro. Es como si tragase cuchillos. Después, un poco de alcohol de noventa, pero eso me cierra la garganta.

Hago una fosa, me acuesto en ella y me recubro de arena. Solo mi cara emerge. Prévot ha descubierto unas briznas y enciende un fuego, cuyas llamas se apagarán pronto. Prévot se niega a enterrarse bajo la arena. Prefiere patear. Es un error.

Mi garganta permanece cerrada, es una mala señal, y, sin embargo, me siento mejor. Me siento tranquilo. Tranquilo más allá de toda esperanza. A mi pesar, me voy de viaje, atado sobre el puente de mi bajel de negreros, bajo las estrellas. Pero quizá ya no me siento tan desgraciado...

Tampoco siento ya frío, siempre y cuando no mueva ni un músculo. Entonces me olvido de mi cuerpo dormido bajo la arena. No me moveré más, y así no volveré a sufrir. Por lo demás, se sufre tan poco realmente... Detrás de todos esos tormentos, hay una combinación armoniosa de fatiga y delirio. Y todo se convierte en un libro de imágenes, en un cuento de hadas un poco cruel... Poco antes, la jauría del viento me acosaba y, para huir de él, yo giraba en redondo como una bestia. Después he sentido dolor al respirar: una rodilla me aplastaba el pecho. Una rodilla. Y me debatía contra el peso del ángel. Yo nunca estuve solo en el desierto. Ahora que no creo ya en lo que me rodea, me recojo en mí, cierro los ojos y no muevo ni una pestaña. Siento que todo ese torrente de imágenes me conduce hacia un sueño tranquilo: los ríos se calman en el espesor del mar. Adiós a aquellos a los que amo. No es culpa mía si el cuerpo humano no puede resistir tres días sin beber. No creía ser de tal modo prisionero de las fuentes. No sospechaba una tan corta autonomía. Se cree que el hombre puede irse. Se cree que el hombre es libre. No se ve la cuerda que le ata al pozo, que le ata, como un cordón umbilical, al vientre de la tierra. Si da un paso más, se muere.

Aparte de vuestro sufrimiento, yo no lamento nada. A fin de cuentas, he tenido la mejor parte. Si volviese, lo haría de nuevo. Tengo necesidad de vivir. En las ciudades ya no hay vida humana.

No se trata ahora de la aviación. El avión no es un fin, es un medio. No es por el avión por lo que uno arriesga su vida. No es tampoco por su arado por lo que el campesino labra. Pero, gracias al avión, uno deja las ciudades y a sus responsables, y vuelve a encontrarse con una verdad campesina.

Uno hace un trabajo de hombre y conoce las preocupaciones de un hombre. Está en contacto con el viento, con las estrellas, con la noche, con la arena, con el mar. Uno se vale de ardides frente a las fuerzas de la naturaleza. Espera el alba, como un jardinero la primavera. Espera la escala como una tierra prometida, y busca su verdad en las estrellas.

No me quejaré. Durante tres días he caminado, he tenido sed, he seguido pistas en la arena, he hecho del rocío mi esperanza. He intentado reunirme con mi especie, de la cual había olvidado en qué lugar se alojaba sobre la tierra. Y esas son preocupaciones de seres vivos. No puedo dejar de juzgarlas más importantes que la elección, por la noche, de un music-hall.

Ya no entiendo a esas gentes de los trenes de extrarradio, a esos hombres que se creen hombres, y que se han visto reducidos, sin embargo, reducidos por una presión que no sienten, como las hormigas, al uso que se ha hecho de ellos. ¿De qué llenan, cuando están libres, sus miserables y absurdos domingos?

Una vez, en Rusia, oí que alguien tocaba algo de Mozart en una fábrica. Escribí sobre aquello. Y recibí doscientas cartas llenas de injurias. No guardo rencor a los que prefieren los berridos del cafetín. No conocen otro canto. Sí, detesto al propietario de ese cafetín. No me gusta que se estropee a los hombres.

Yo soy feliz en mi oficio. Me siento labriego de las escalas. ¡En el tren de extrarradio siento mi agonía de muy distinto modo! ¡Aquí, a fin de cuentas, qué lujo…!

No lamento nada. He jugado, he perdido. Eso está en el orden de mi oficio. Pero, al menos, he respirado el viento del mar.

Aquellos que lo han saboreado una vez no olvidan

este alimento. ¿No es así, compañeros? Y no se trata de vivir en peligro. Esa fórmula es pretensiosa. Los toreros no me gustan demasiado. No es el peligro lo que amo. Yo sé lo que amo. Es la vida.

Me parece que el cielo va a clarear. Saco un brazo de la arena. Tengo un lienzo al alcance de la mano, lo toco, pero sigue seco. Esperemos entonces. El rocío se deposita al alba. Pero el amanecer aclara sin mojar nuestros lienzos. Entonces mis reflexiones se embrollan un poco y me oigo decir: «Hay aquí un corazón seco... un corazón seco... un corazón seco que no puede fabricar lágrimas...».

—¡En marcha, Prévot! Nuestras gargantas no se han cerrado todavía, hay que seguir caminando.

7

Sopla ese viento del oeste que seca al hombre en diecinueve horas. Mi esófago no está cerrado todavía, pero lo noto duro y doloroso. Adivino ya allí algo que rasca. Pronto comenzará esa tos que me han descrito y que estoy esperando. La lengua me molesta. Pero lo más grave es que ya veo manchas brillantes. Cuando se transformen en llamas, me tumbaré. Andamos deprisa. Aprovechamos el frescor del amanecer. Sabemos muy bien que a pleno sol, como suele decirse, ya no avanzaremos. A pleno sol...

No tenemos el derecho a transpirar, ni siquiera a esperar. Este frescor solo tiene un 18 por ciento de humedad. Este viento que sopla, viento del desierto. Y, bajo esta caricia mentirosa y tierna, nuestra sangre se evapora.

Hemos comido unas pocas uvas el primer día. En tres días, media naranja y media magdalena. ¿Con qué saliva habríamos masticado nuestro alimento? Pero no experimento hambre ninguna, solo tengo sed. Y me parece que, desde ahora, más que la sed experimento los efectos de la sed. Esta dura garganta. Esta lengua de yeso. Esta aspereza y este espantoso gusto en la boca. Estas sensaciones son nuevas para mí. Sin duda el agua las curaría, pero ya no guardo recuerdos relacionados con ese remedio. La sed se convierte cada vez más en una enfermedad y menos en un deseo. Me parece que las fuentes y los frutos me ofrecen ya imágenes menos desgarradoras. Olvido el resplandor de la naranja, como me parece haber olvidado ya mis amores. Quizá lo olvido ya todo. Nos hemos sentado, pero hay que volver a partir. Renunciamos a las largas etapas. Después de quinientos metros de marcha nos desplomamos de fatiga. Y experimento una gran alegría al tumbarme. Pero es preciso continuar.

El paisaje cambia. Las piedras se espacian. Caminamos ahora sobre arena. A dos kilómetros ante nosotros, las dunas. Sobre esas dunas, algunas manchas de vegetación baja. Prefiero la arena a la armadura de acero. Es el desierto claro. Es el Sáhara. Creo reconocerlo...

Ahora nos agotamos en doscientos metros.

—Vamos a seguir de todos modos, al menos hasta aquellos arbustos.

Es un límite extremo. Ocho días más tarde, cuando remontemos nuestras huellas yendo en coche para buscar el Simoun, comprobaremos que la última tentativa había sido de ochenta kilómetros. He cubierto, pues, ya cerca de doscientos. ¿Cómo podré seguir?

Ayer caminaba sin esperanza. Hoy estas palabras han perdido todo sentido. Hoy caminamos porque caminamos, como los bueyes, sin duda, en su labor. Soñaba ayer con paraísos de naranjos. Pero hoy para mí ya no hay paraíso. Ya no creo en la existencia de las naranjas.

Ya no siento nada en mí, tan solo una gran sequedad en el corazón. Voy a caer y no experimento ninguna angustia, ni siquiera siento pena. Y lo lamento: la pena me resultaría dulce como el agua. Uno tiene piedad de sí mismo, y se compadece como a un amigo. Pero ya no tengo ese amigo en el mundo.

Cuando me encuentren, con los ojos abrasados, se imaginarán que he implorado ayuda hasta el final y que he sufrido mucho. Pero los impulsos, las penas, los tiernos sufrimientos siguen siendo riquezas. Y yo ya no tengo riquezas. Las inocentes muchachas, en la noche de su primer amor, conocen la pena y lloran. La pena está ligada a todo aquello que te estremece. Y yo ya no siento pena...

El desierto soy yo. Ya no produzco saliva, tampoco creo dulces imágenes por las que lamentarme. El sol ha secado en mí la fuente de las lágrimas.

Y, sin embargo, ¿qué es lo que acabo de percibir? Un soplo de esperanza ha pasado sobre mí como una racha de viento sobre el mar. ¿Qué señal es la que acaba de alertar mi instinto antes de golpear en mi conciencia? Nada ha cambiado y, sin embargo, todo ha cambiado. Esta sábana de arena, estos cerros y estas ligeras planchas de verdor no componen ya un paisaje, sino un escenario. Un escenario vacío todavía, pero con todo preparado. Miro a Prévot. Está igual de sorprendido que yo, pero aún no entiende tampoco lo que experimenta.

Os juro que va a pasar algo...

Os juro que el desierto se ha animado. Os juro que esta ausencia, que este silencio son de repente más emocionantes que un tumulto en una plaza pública...

¡Estamos salvados, hay huellas en la arena...! ¡Ah!, habíamos perdido la pista de la especie humana, estábamos desgajados de la tribu, nos habíamos encontrado solos en el mundo, olvidados por una migración universal, y he aquí que descubrimos, impresa en la arena, la planta milagrosa del hombre.

—Aquí, Prévot, dos hombres se han separado...

—Aquí, un camello se ha arrodillado...

—Aquí...

Y, sin embargo, todavía no estamos salvados. No podemos esperar. Pasadas algunas horas, ya no será posible socorrernos. El avance de la sed, una vez comenzada la tos, es demasiado rápida. Y nuestra garganta...

Pero yo creo en esa caravana que se balancea en alguna parte, en el desierto.

Así que hemos seguido caminando y, de pronto, oigo el canto de un gallo. Guillaumet me había dicho: «Hacia el final, oí gallos en los Andes. Oí también ferrocarriles...».

Me acuerdo de su relato en el instante mismo en que el gallo canta y me digo: «Son mis ojos los que primero me han engañado. Sin duda, por efecto de la sed. Pero mis oídos han resistido mejor...».

Prévot me ha cogido del brazo.

—¿Lo has oído?

—¿El qué?

—¡El gallo!

—Entonces... Entonces...

Entonces, claro, imbécil, es la vida...

He tenido una última alucinación: la de tres perros que se perseguían. Prévot, que miraba también, no ha visto nada. Pero ahora somos dos en tender los brazos hacia ese beduino. Somos dos en consumir hacia él todo el aliento de nuestros pechos. ¡Somos dos en reír de felicidad...!

Pero nuestras voces no llegan a treinta metros. Nuestras cuerdas vocales están ya secas. ¡Nos hablábamos en voz bajísima el uno al otro y ni lo habíamos notado!

Pero ese beduino y su camello, que acaban de aparecer por detrás de la colina, lentamente, muy lentamente, se alejan. Quizá ese hombre está solo. Un demonio cruel nos lo ha mostrado y lo retira...

¡Y nosotros no podíamos correr hacia él!

Otro árabe aparece de perfil sobre la duna. Aullamos, pero muy bajo. Entonces agitamos los brazos y tenemos la impresión de llenar todo el cielo de señales inmensas. Pero el beduino mira siempre hacia la derecha...

Y de pronto, sin prisa, él ha iniciado un cuarto de vuelta. En el segundo mismo en que se presente de cara, todo se habrá cumplido. En el segundo mismo en que mire hacia nosotros, habrá borrado en nosotros la sed, la muerte y los espejismos. Y ha iniciado un cuarto de vuelta que transforma ya el mundo. Con solo mover el torso, con solo pasear su mirada, ha creado la vida y me parece semejante a un dios...

Es un milagro... Viene hacia nosotros, sobre la arena, como un dios sobre el mar...

El árabe simplemente nos ha mirado. Ha empujado con las manos en nuestros hombros y le hemos obedecido. Nos hemos tumbado. Aquí no hay ni razas, ni lenguas, ni divisiones... Está este nómada pobre que ha posado en nuestros hombros manos de arcángel.

Hemos esperado, con la frente apoyada en la arena. Y ahora bebemos de bruces, la cabeza en el cuenco, como terneros. El beduino se espanta de al vernos beber así y nos obliga a cada instante a interrumpirnos. Pero, en cuanto nos deja, volvemos a hundir de nuevo todo el rostro en el agua.

¡El agua!

Agua, tú no tienes ni gusto, ni color, ni aroma, no se te puede definir, se te saborea sin conocerte. No eres necesaria para la vida: eres la vida misma. Nos invades de un placer que los sentidos no pueden explicar. Contigo, vuelven a nosotros todos aquellos poderes a los que habíamos renunciado. Por tu gracia, se abren en nosotros todas las fuentes secas de nuestro corazón.

Eres la mayor riqueza que puede haber en el mundo, y eres también la más delicada, tú, tan pura en el vientre de la tierra. Se puede morir sobre una fuente de agua magnesiada. Se puede morir a dos pasos de un lago salado. Se puede morir a pesar de dos litros de rocío que contienen en suspensión algunas sales. Tú no aceptas mezclas, no soportas alteraciones, eres una divinidad espantadiza...

Pero tú difundes en nosotros una felicidad infinitamente simple.

En cuanto a ti, que nos salvas, beduino de Libia, te borrarás sin embargo para siempre de mi memoria. Nunca recordaré tu rostro. Tú eres el Hombre, y te me apareces con la cara de todos los hombres a la vez. Nunca fijaste la mirada para examinarnos, y nos has reconocido. Tú eres el hermano bien amado. Y, a mi vez, yo te reconoceré en todos los hombres.

Te me apareces bañado de nobleza y de benevolencia, gran Señor, que tienes el poder de dar de beber. Todos mis amigos, todos mis enemigos, en ti marchan hacia mí, y ya no tengo un solo enemigo en el mundo.

VIII

Los hombres

1

Una vez más he bordeado una verdad que no he comprendido. Me creí perdido, creí tocar fondo y, tras haber aceptado la renuncia, he conocido la paz. En tales horas parece que uno se descubriera a sí mismo y se convirtiese en su propio amigo. Nada ya podría prevalecer contra un sentimiento de plenitud que satisface en nosotros no sé qué necesidad esencial que no conocíamos. Me imagino que Bonnafous ha experimentado esa serenidad. Guillaumet también, en su nieve. Y, en cuanto a mí, ¿cómo olvidarme de que, hundido en la arena hasta la nuca, y lentamente estrangulado por la sed, he tenido tan cálido el corazón bajo mi pelerina de estrellas?

¿Cómo favorecer en nosotros esta especie de liberación? Todo es, como se sabe, paradójico en el hombre. Se asegura el pan de aquel para permitirle crear, y él se duerme; el conquistador victorioso se reblandece; el que era generoso, si se enriquece, se convierte en un avaro. ¿Qué nos importan aquellas doctrinas políticas que pretenden ofrecer a los hombres una felicidad plena si no conocemos primero qué tipo de hombre desean formar? ¿Quién nacerá? No somos ganado en un pastizal, y la aparición de un Pascal pobre pesa más que la de varios anónimos prósperos.

No sabemos prever aquello que nos es esencial. Cada uno de nosotros ha conocido las alegrías más intensas allí donde nada las auguraba. Y nos han dejado tal nostalgia que incluso añoramos nuestra miseria si aquellas las han hecho posibles. Todos nosotros hemos saboreado, al encontrar de nuevo a los compañeros, el embrujo de los malos recuerdos. ¿Qué sabemos nosotros, sino que hay condiciones desconocidas que nos fertilizan? ¿Dónde habita la verdad del hombre?

La verdad no es lo que se demuestra. Si en ese terreno, y no en otro, los naranjos despliegan sólidas raíces y se cargan de frutos, ese terreno es la verdad de los naranjos. Si esa religión, si esa cultura, si esa escala de valores, si esa actividad y no otras favorecen en el hombre esta plenitud, liberan en él a un gran señor cuya existencia se ignoraba, es que esa escala de valores, esa cultura, esa actividad son la verdad del hombre. ¿La lógica? Que ella se las apañe para dar cuenta de la vida.

A lo largo de este libro he citado a algunos de los que, al parecer, han obedecido a una vocación soberana, que han escogido el desierto o ser piloto de línea como otros habrían escogido el monasterio; pero habría traicionado mi propósito si pareciese induciros ante todo a admirar a esos hombres. Lo que ante todo es admirable es la tierra que los ha creado.

Las vocaciones sin duda desempeñan un papel en ello. Unos se encierran en sus tiendas. Otros hacen su camino, imperiosamente, en una dirección necesaria: en la historia de su infancia encontramos los orígenes de esos impulsos que explicarán su destino. Pero la historia, vista después, crea ilusiones. Aquellos impulsos los encontraríamos en casi todos. Todos hemos conocido a tenderos que, en una noche de naufragio o de incendio, se han revelado más grandes que ellos mismos. Ellos no se engañan sobre la calidad de su plenitud: ese incendio quedará como la noche de su vida. Pero, faltos de ocasiones nuevas, faltos de terreno favorable, faltos de religión exigente, se han vuelto a dormir sin haber creído en su propia grandeza. Cierto, las vocaciones ayudan al hombre a liberarse; pero es igualmente necesario liberar las vocaciones.

Noches aéreas, noches del desierto... son estas ocasiones raras que no se ofrecen a todos los hombres. Y, sin embargo, cuando las circunstancias los animan, muestran todos las mismas ansias. No me alejaré del tema que me ocupa si relato una noche en España que me ha instruido sobre esto. He hablado demasiado de algunos y me gustaría hablar de todos.

Era en el frente de Madrid, que yo visitaba como reportero. Aquella noche cené en el fondo de un refugio subterráneo, compartiendo mesa con un joven capitán.

Estábamos conversando, cuando sonó el teléfono. Se entabla un largo diálogo: se trata de un ataque local cuya orden comunica el PCE, un ataque absurdo y desesperado para tomar, en esta barriada obrera, algunas casas convertidas en fortalezas de cemento. El capitán se encoge de hombros y vuelve a reunirse con nosotros: «Los primeros de nosotros que asomen...», dice; luego tiende dos vasos de coñac a un sargento, que se halla aquí presente, y a mí.

—Tú sales el primero, conmigo —dice al sargento—: Bebe y vete a dormir.

El sargento se va a dormir. Somos una decena velando en torno a la mesa. En esta pieza bien calafateada, de la cual no se filtra luz alguna, la claridad es tan dura que guiño los ojos. He deslizado una mirada, hace cinco minutos, a través de una tronera. Apartando el trapo que cubría la abertura, percibí, sumidas bajo un claro de luna que esparcía una luz de abismo, ruinas de casas atormentadas. Cuando coloco el trapo en su sitio, me ha parecido enjugar el rayo de luna como una ola de aceite. Y aún conservo esa imagen de fortalezas glaucas.

Estos soldados no volverán, sin duda, pero se callan por pudor. El asalto está en el orden de las cosas. Se hacen con una provisión de hombres. Se hacen con un granero. Se lanza un puñado de granos para las siembras.

Y bebemos nuestro coñac. A mi derecha se disputa una partida de ajedrez. A mi izquierda se bromea. ¿Dónde estoy? Entra un hombre medio ebrio. Acaricia una barba hirsuta y nos mira con ojos tiernos. La mirada se desliza sobre el coñac, se desvía, vuelve al coñac; gira, suplicante, hacia el capitán. Este ríe por lo bajo. El hombre, tocado de esperanza, ríe también. Una ligera risa, gana a los espectadores. El capitán retira despacio la botella, la mirada del hombre simula desesperación y un juego pueril se inicia así, una especie de danza silenciosa que, a través del humo espeso de los cigarrillos, del desgaste de la noche en vela, de la imagen del ataque próximo, tiene algo de ensueño.

Y nosotros jugamos, a buen resguardo en la cala de nuestro navío, mientras afuera redoblan las explosiones como golpes de mar.

Estos hombres se limpiarán después el sudor, el alcohol, el tizne de su espera en el agua regia de la noche de guerra. ¡Los siento tan cerca de ser purificados! Pero ellos danzan todavía, mientras pueden hacerlo, el baile del borracho y de la botella. Ellos prosiguen, mientras pueden proseguirla, esa partida de ajedrez. Hacen que la vida siga en la medida que pueden. Pero ellos han puesto en hora un despertador que atruena sobre un anaquel. El repique esperado sonará, pues. Entonces estos hombres se levantarán, se desperezarán y ajustarán su cinturón. El capitán, entonces, descolgará su revólver. El ebrio, entonces, se despejará. Entonces todos tomarán, sin apresurarse demasiado, ese corredor que sube en una pendiente suave hasta un rectángulo azul de luna. Dirán cualquier cosa simple como: «¡Maldito ataque!» o bien: «¡Qué frío hace!». Después se lanzarán.

Yo asistí, llegada la hora, al despertar del sargento. Dormía tumbado sobre un lecho de hierro en medio de los escombros de un sótano. Y yo lo miraba dormir. Me parecía reconocer el placer de aquel sueño, sin angustias, tan feliz… Me recordaba aquella primera jornada de Libia durante la cual Prévot y yo, naufragados, sin agua, condenados, pudimos, antes de experimentar una sed demasiado viva, dormir una vez, una sola, durante dos horas. Yo había tenido el sentimiento, al dormirme, de poseer un poder admirable: el de rechazar el mundo presente. Propietario de un cuerpo que me dejaba todavía en paz, mi noche, una vez que hube hundido el rostro entre los brazos, en nada se diferenció ya para mí de una noche dichosa.

Así, el sargento reposaba hecho un ovillo, sin forma humana, y, cuando los que vinieron a despertarle encendieron una bujía y la fijaron sobre el gollete de una botella, yo no distinguía al principio nada que emergiese del montón informe, más que los zapatones. Enormes zapatones claveteados, herrados, zapatones de jornalero o de descargador de muelle.

Este hombre estaba calzado de instrumentos de trabajo y, sobre su cuerpo, todo eran instrumentos: cartucheras, revólveres, tirantes de cuero, cinturón. Llevaba la albarda, la collera, todos los arneses del caballo de labor. En el fondo de las bodegas, en Marruecos, uno puede ver muelas tiradas por caballos ciegos. Aquí, en el resplandor tembloroso y rojizo de la bujía, despertaban también a un caballo ciego, a fin de que tirase de la muela.

—¡Eh, sargento!

Se removió lentamente, mostrando su cara todavía adormecida y farfullando no sé qué. Pero se volvió hacia el muro no queriendo despertarse, hundiéndose de nuevo en las profundidades del sueño como en la paz de un vientre materno, como bajo aguas profundas, agarrándose con las manos, que él abría y cerraba, a no sé qué algas negras. Fue necesario desanudarle los dedos. Nos sentamos sobre su lecho, uno de nosotros pasó suavemente un brazo por detrás de su cuello y, sonriendo, levantó la pesada cabeza. Y aquello fue como esa ternura que se ve en los caballos cuando estos se acarician el pescuezo, en la tibieza del establo. «¡Eh, compañero!». No he visto nada más tierno en mi vida. El sargento hizo un último esfuerzo para volver a entrar en sus sueños felices; rechazaba así nuestro universo de dinamita, de agotamiento y de noche helada, pero demasiado tarde. Algo que venía de fuera se imponía. Así, la campana del colegio despierta lentamente, el domingo, al niño castigado. Él había olvidado el pupitre, el encerado y la lección de penitencia. Soñaba con los juegos en el campo; en vano. La campana suena siempre y lo devuelve, inexorable, a la injusticia de los hombres. Semejante a él, el sargento volvía poco a poco a hacerse cargo de su cuerpo gastado por la fatiga, ese cuerpo que no deseaba, y que, en el frío del despertar, conocería muy pronto esos tristes dolores de las coyunturas y luego el peso del equipo, y luego aquella pesada carrera y finalmente la muerte. No tanto la muerte como esa viscosidad de la sangre en la que se bañan las manos para levantarse, esa respiración difícil, ese hielo en torno; no tanto la muerte como la molestia de morir. Y yo pensaba siempre, mirándole, en la desolación de mi propio despertar, en ese instante en que volvían a la carga la sed, el sol y la arena, en ese instante en que vuelve a la carga la vida, este sueño que uno no ha elegido.

Pero ya está de pie mirándonos fijo a los ojos.

—¿Es la hora?

Es aquí cuando el hombre aparece. Es aquí cuando escapa a las previsiones de la lógica: ¡el sargento sonreía! ¿Qué tentación es esta, pues? Me acuerdo de una noche en París en la que Mermoz y yo, después de festejar con algunos amigos no sé qué aniversario, nos habíamos encontrado al apuntar el día en el umbral de un bar, hastiados de haber hablado tanto, de haber bebido tanto, de estar inútilmente tan cansados. Pero, como el cielo palidecía ya, Mermoz bruscamente me apretó tan fuerte el brazo que sentí sus uñas. «Mira... es la hora en la que en Dakar...». Era la hora en la que los mecánicos se frotan los ojos y retiran las fundas de las hélices, en la que el piloto consulta los datos meteorológicos, en la que la tierra ya solo está poblada de compañeros. Ya se coloreaba el cielo, ya se preparaba la fiesta, pero, para otros, ya se tendía el mantel de una fiesta de la cual nosotros no seríamos convidados. Eran otros los que corrían su riesgo...

«Aquí, cuánta porquería...», concluyó Mermoz.

Y tú, sargento, ¿a qué banquete en el que valiera la pena morir estabas convidado?

Me habías hecho algunas confidencias. Me habías

contado tu historia: simple contable en cualquier parte, en Barcelona, antes alineabas cifras sin preocuparte mucho de las divisiones de tu país. Pero un compañero se alistó, después un segundo compañero, después un tercero y tú sufriste con sorpresa una extraña transformación: tus ocupaciones, poco a poco, te parecieron fútiles. Tus placeres, tus preocupaciones, tu pequeña comodidad, todo eso pertenecía a otra época. Allí no residía lo importante. Finalmente llegó la noticia de la muerte de uno de los vuestros al que habían matado en la parte de Málaga. No se trataba de un amigo al que tal vez habrías deseado vengar. En cuanto a la política, jamás te había preocupado. Y, sin embargo, esa noticia pasó sobre vosotros, sobre vuestros estrechos destinos, como una ráfaga del mar. Un compañero te miró aquella mañana:

—Habría que ir...

—Hay que ir.

Y «fuisteis».

Me vienen a la mente algunas imágenes que explican esa verdad que no has sabido traducir en palabras, pero cuya evidencia te ha gobernado.

Cuando pasan los patos salvajes, en la época de las migraciones, provocan curiosas mareas sobre los territorios que dominan. Los patos domésticos, como atraídos por el gran vuelo triangular, amagan un salto inhábil. La llamada salvaje ha despertado en ellos no sé qué vestigio salvaje. Y los patos de granja se han convertidos por un momento en aves migratorias. Y en esa pequeña cabeza dura en la que circulan humildes imágenes de charcas, de gusanos y de corral aparecen de pronto las extensiones continentales, el olor de los vientos de alta mar y la geografía de los mares. El animal ignoraba que su cerebro fuese bastante tan vasto para contener tantas maravillas, pero entonces bate las alas, desprecia el grano, desprecia los gusanos y quiere ser un pato salvaje.

Pero, sobre todo, veo de nuevo mis gacelas: yo he criado gacelas en Juby. Allí, todos hemos criado gacelas. Las encerrábamos en un recinto enrejado al aire libre, pues, para las gacelas, es indispensable beber de los vientos y no hay nada tan frágil como esos animales. Al ser capturadas tan jóvenes, se acostumbran y sobreviven, e incluso pacen en tu mano. Se dejan acariciar y hunden su hocico húmedo en el hueco de la palma. Y uno las cree domesticadas. Uno cree haberlas puesto a salvo de esa tristeza desconocida que extingue en silencio a las gacelas dándoles la más dulce de las muertes... Pero llega un día en que las ves empujando con sus pequeños cuernos contra el vallado, en dirección al desierto. Están imantadas. No saben que huyen de ti. Ellas siguen bebiendo la leche que les traes. Se dejan todavía acariciar, hunden más tiernamente su hocico en tu palma... Pero, apenas las sueltas, descubres que, después de ese galope aparentemente feliz, regresan atraídas hacia el enrejado. Y, si no intervienes, permanecen allí sin intentar siquiera luchar contra la barrera; simplemente apoyan contra ella, con la cerviz doblada, sus pequeños cuernos, hasta morir. ¿Es la estación de los amores, o la simple necesidad de un gran galope, hasta perder el aliento? No lo saben. Sus ojos apenas se habían abierto cuando las capturaron. Nada saben, ni de la libertad en las arenas, ni del olor del macho. Pero vosotros sois mucho más inteligentes que ellas. Vosotros sabéis lo que buscan: esa vasta extensión, que les ofrecerá lo que necesitan.

Ellas quieren convertirse en gacelas y bailar su danza. A ciento treinta kilómetros por hora quieren conocer la fuga rectilínea, cortada de bruscos saltos, como si aquí y allá se escapasen llamas de la arena. Poco importan los chacales si la verdad de las gacelas es saborear el miedo, que las obliga a sobrepasar sus límites, ejecutando los más altos volteos... ¡Qué importa el león si la verdad de las gacelas es ser abiertas de un zarpazo al sol! Las miras y piensas que son presas de la nostalgia. La nostalgia es el deseo de no se sabe qué... Existe, sí, el objeto del deseo, pero no hay palabras para expresarlo.

Y a nosotros, ¿qué nos falta?

¿Qué encontrabas tú allí, sargento, que te aportase el sentimiento de no traicionar ya tu destino? ¿Quizá ese brazo fraternal que levantará tu cabeza dormida, quizá esa sonrisa tierna que no compadece, sino que comparte? «¡Eh, compañero...!». Compadecer a alguien implicar ser todavía dos. Es estar aún divididos. Pero, cuando existe un vínculo tan íntimo, el agradecimiento, como la piedad, pierden su sentido. Entonces es cuando uno respira libremente como un prisionero liberado.

Nosotros hemos conocido ese vínculo cuando franqueábamos, en equipo de dos aviones, un Río de Oro todavía insumiso. Nunca he oído al naufragado dar las gracias a su salvador. Lo más frecuente era que nos insultásemos durante el agotador transbordo, de un avión al otro, de los sacos postales: «¡Cabrón! Si he tenido la avería es por tu culpa, ¡con tu manía de volar como un loco, con el viento en contra! ¡Si me hubieras seguido más abajo, estaríamos ya en Port-Étienne!», y el otro, que ofrecía su vida, se sentía de pronto avergonzado de ser un cabrón. Por otra parte, ¿darle las gracias de qué? Él también tenía derecho sobre nuestra vida. Éramos ramas de un mismo árbol. ¡Y yo estaba tan orgulloso de ti, que me salvabas!

¿Por qué aquel que te preparaba para la muerte te habría compadecido, sargento? Vosotros asumíais ese riesgo los unos por los otros. En ese instante uno descubre esa unidad que no tiene ya necesidad del lenguaje. Yo entendía por qué te marchaste de Barcelona. Si allí te sentías pobre, solo, quizá, después del trabajo, si tu cuerpo no tenía refugio, aquí, en cambio, te sentías realizado, te reunías con lo universal; y tú, el paria, eras recibido por el amor.

No me importa saber si eran sinceras o no, lógicas o no, las grandes frases de los políticos que, tal vez, te han empujado a irte. Si ellas han prendido en ti, como germinan las simientes, es que respondían a tus necesidades. Tú eres el único juez. Son las tierras las que saben reconocer el trigo.

3

Solo cuando estamos ligados a nuestros hermanos por un fin común, el cual se sitúa fuera de nosotros mismos, solo entonces respiramos libremente, y la experiencia nos muestra que amar no es mirarnos el uno al otro, sino mirar juntos en la misma dirección. Solo hay verdaderos compañeros cuando estos se unen en una misma línea, hacia la misma cima en la que han de encontrarse. Si no, ¿por qué en el siglo del bienestar hallamos un placer tan intenso al compartir nuestros últimos víveres en el desierto? Y frente a esto, ¿qué valor tienen las predicciones de los sociólogos? A todos aquellos de entre nosotros que han conocido la gran alegría de los salvamentos saharianos, cualquier otro placer les parece fútil. Tal vez se deba a que el mundo de hoy comienza a crujir en torno nuestro. Cada uno se exalta por religiones que le prometen esa plenitud. Todos, bajo palabras contradictorias, experimentamos los mismos impulsos. Nos dividimos sobre métodos que son fruto de nuestros razonamientos, no sobre los fines; estos son los mismos.

Así pues, no nos extrañemos. Aquel que no sospechaba que en su interior existía un desconocido que permanecía dormido, pero que un día de pronto sintió cómo este se despertaba en un sótano de anarquistas en Barcelona, a causa del sacrificio, de la ayuda mutua, de una imagen rígida de la justicia, ese no conocerá ya más que una verdad: la verdad de los anarquistas. Y aquel que haya montado una vez la guardia para proteger un pueblo de monjitas arrodilladas, espantadas, en los monasterios de España, ese morirá por la Iglesia.

Si cuando Mermoz descendía hacia la vertiente chilena de los Andes, con su victoria en el corazón, le hubierais dicho que se equivocaba, que no valía la pena arriesgar su vida por una carta, acaso de un comerciante, se habría reído de vosotros. La verdad radicaba en ese hombre que nacía en él cuando sobrevolaba los Andes.

Si queréis convencer del horror de la guerra a aquel que no rehúsa la guerra, no le tratéis de bárbaro: intentad comprenderle antes de juzgarle.

Pensad en ese oficial del sur que mandaba, cuando la guerra del Rif, un puesto avanzado, plantado en cuña entre dos montañas disidentes. Una noche, recibió a unos parlamentarios enemigos que habían bajado del macizo del oeste. Y bebían el té, como corresponde, cuando se oyeron los disparos. Las tribus del macizo del este atacaban el puesto. El capitán, que debía entrar en combate, ordenó a los parlamentarios que se fueran, pero estos respondieron: «Nosotros somos hoy tus huéspedes. Dios no permite que te abandonemos...». Se unieron, pues, a sus hombres, y salvaron el puesto; después ascendieron de nuevo a su nido de águilas.

Pero la víspera del día en que, a su vez, esos parlamentarios se preparaban para asaltar el puesto del capitán, enviaron a embajadores junto a este.

—La otra noche te ayudamos...

—Es verdad...

—Quemamos por ti trescientos cartuchos...

—Es verdad...

—Lo justo sería que nos los devolvieras.

Y el capitán, que es un gran señor, no puede beneficiarse de una ventaja que proviene de la nobleza de esos otros. Y les devuelve unos cartuchos que ellos usarán contra él.

La verdad para el hombre es lo que hace de él un hombre. Cuando el que ha conocido esa dignidad en las relaciones, esa lealtad en el juego, ese mutuo regalo de una estima que compromete la vida, compara esa actitud honorable con la mediocre campechanía del demagogo —que habría expresado su fraternidad a los mismos árabes con grandes palmadas en el hombro y les habría adulado, pero también humillado—, no experimentará hacia vosotros, si razonáis contra él, más que una piedad un poco despectiva. Y es él quien tendrá razón.

Pero vosotros también tendréis razón por odiar la guerra.

Para comprender al hombre y sus necesidades, para conocerlo en su esencia, no hay que confrontar vuestras verdades, que para vosotros son evidentes. Sí, tenéis razón. Todos tenéis razón. La lógica lo demuestra todo. Tiene razón, incluso, aquel que culpa a los jorobados de las desgracias del mundo. Si declaramos la guerra a los jorobados, pronto nos convertiremos en seres violentos. Vengaremos los crímenes de los jorobados. Y, ciertamente, los jorobados también cometen crímenes.

Si intentamos extraer esa esencia, es preciso olvidar

un instante las divisiones que, una vez admitidas, arrastran todo un Corán de verdades inquebrantables y el fanatismo que de ello deriva. Se puede alinear a los hombres en hombres de derecha y hombres de izquierda, en jorobados y no jorobados, en fascistas y demócratas, y estas distinciones son inatacables. Pero la verdad, vosotros lo sabéis, es lo que simplifica el mundo y no lo que crea el caos. La verdad es el lenguaje que se desprende de lo universal. Newton no «descubrió», como si se tratase de un acertijo, una ley largo tiempo oculta; Newton llevó a cabo una labor creadora. Fundó un lenguaje humano que pueda explicar a la vez la caída de una manzana en un prado o la ascensión del Sol; la verdad no es lo que se demuestra, es aquello que simplifica.

¡Con qué fin discutir las ideologías! Si todas se demuestran, también todas se oponen, y esas discusiones hacen que perdamos la esperanza en la salvación del hombre. Y, sin embargo, el hombre, en todas partes, a nuestro alrededor, presenta las mismas necesidades.

Nosotros queremos ser liberados. El que da un golpe de azadón, quiere ver un sentido a ese golpe de azadón. Y el golpe de azadón del presidiario, que humilla a este, no es el mismo que el del explorador, a quien engrandece. El presidio no reside allí donde se dan golpes de azadón. No se trata de un horror material. El presidio reside allí donde se dan golpes de azadón que no tienen sentido, que no vinculan a quienes los dan con la comunidad de los hombres.

Y queremos evadirnos de ese presidio.

Hay doscientos millones de hombres en Europa cuya vida carece de sentido y que quisieran volver a nacer. La industria los ha alejado del lenguaje de los linajes campesinos y los ha encerrado en esos enormes guetos que se parecen a estaciones de clasificación repletas de ruinas de vagones negros. Del fondo de las ciudades obreras, quisieran ser despertados.

Hay otros, presos en el engranaje de todos los oficios, a los que están vedadas las alegrías del pionero, las alegrías religiosas, las alegrías del sabio. Se ha creído que para engrandecerlos era suficiente vestirlos, alimentarlos, satisfacer todas sus necesidades. Y poco a poco se ha creado en ellos el pequeño burgués de Courteline, el político de aldea, el técnico cerrado a la vida interior. Si bien se les instruye, no por eso se les cultiva más. Quien cree que la cultura consiste en memorizar fórmulas tiene una pobre opinión de ella. Un mal alumno del curso de educación especial sabe más sobre la naturaleza y sobre las leyes que Descartes y Pascal. Pero ¿es capaz de reflexionar como ellos?

Todos, más o menos de manera confusa, experimentan la necesidad de ser otro. Pero hay soluciones que engañan. Ciertamente, se puede motivar a los hombres vistiéndolos de uniforme. Entonces entonarán sus cantos de guerra y partirán el pan entre compañeros. Habrán encontrado lo que buscan, el gusto de lo universal. Pero van a morir de ese pan que se les ofrece.

Se puede desterrar a los ídolos de madera y resucitar los viejos mitos que, mal que bien, han demostrado su utilidad; se puede resucitar a los místicos del pangermanismo, o del Imperio romano. Se puede embriagar a los alemanes de la embriaguez de ser alemanes y compatriotas de Beethoven. Se puede emborrachar de ello incluso a un fogonero. Esto es, ciertamente, más fácil que hacer de un fogonero un Beethoven.

Pero tales ídolos son ídolos carnívoros. Aquel que muere tras prestarse al servicio del progreso del conocimiento o de la curación de las enfermedades, al morir, sirve a la vida. Tal vez sea hermoso morir por la expansión de un territorio, pero la guerra de hoy destruye lo que pretende favorecer. No se trata ya hoy de sacrificar un poco de sangre para vivificar a toda la raza. Una guerra, desde que se hace con aviones y gas mostaza, es tan solo una cirugía sangrienta. Cada uno se instala al abrigo de un muro de cemento, cada uno, a falta de otra cosa mejor, lanza, noche tras noche, escuadrillas que bombardean al otro en sus entrañas, hacen saltar sus centros vitales, paralizan su producción y sus intercambios. La victoria es de quien se pudra el último. Y ambos adversarios se pudren.

En un mundo que se ha convertido en desierto estamos sedientos de encontrar compañeros; el placer del pan partido entre compañeros nos ha hecho aceptar los valores de la guerra. Pero no necesitamos de la guerra para encontrar el calor de unos hombros vecinos en una marcha

hacia el mismo fin. La guerra nos engaña. El odio no añade nada a la exaltación de la marcha.

¿Por qué odiarnos? Somos solidarios, llevados por el
mismo planeta, tripulación de un mismo navío. Y, si es
bueno que unas civilizaciones se opongan a otras para
favorecer nuevas síntesis, es monstruoso que se devoren
entre sí.

Pues, para liberarnos, basta que nos ayudemos a ad-
quirir conciencia de un fin que nos vincule unos a otros,
y buscarlo allí donde nos une a todos. El cirujano que
pasa visita no escucha las quejas del paciente al que aus-
culta: a través de ellas, es al hombre a quien se propone
curar. El cirujano habla un lenguaje universal. Lo mismo
el físico cuando medita esas ecuaciones casi divinas mediante las cuales puede asir, a la vez, el átomo y la nebulosa. Y así hasta el simple pastor. Porque el que vigila
modestamente algunas ovejas bajo las estrellas, si toma
conciencia del papel que desempeña, entonces verá que
es más que un servidor. Es un centinela. Y cada centinela es
responsable de todo el imperio.

¿Creéis que aquel pastor no desea ser consciente de lo
que es? He visitado en el frente de Madrid una escuela
instalada a quinientos metros de las trincheras, detrás de
un pequeño muro de piedra, sobre una colina. Un cabo
enseñaba allí botánica. Desmontando con sus manos los
frágiles órganos de una amapola, atraía hacia sí a barbu-
dos peregrinos que, en todo aquel contorno, se despren-

dían del barro y, a pesar de los obuses, subían en peregrinación hacia él. Una vez alineados en torno al cabo, escuchaban, sentados a lo sastre, el mentón apoyado sobre el puño. Fruncían el entrecejo, apretaban los dientes, no comprendían gran cosa de la lección, pero se les había dicho: «¡Sois unos brutos, acabáis de salir de vuestra guarida, hay que alcanzar a la humanidad!». Y ellos se apresuraban a alcanzarla con sus pesados pasos.

Solo cuando tengamos conciencia de nuestro papel, hasta del más modesto, solo entonces seremos felices. Solo entonces podremos vivir en paz y morir en paz, porque lo que da un sentido a la vida también da un sentido a la muerte.

¡La muerte es tan dulce cuando está en el orden de las cosas, cuando el viejo campesino de Provenza, al término de su reino, entrega en depósito a sus hijos su lote de cabras y de olivos, para que lo transmitan, a su vez, a los hijos de sus hijos! No se muere más que a medias en un linaje campesino. Cada existencia se abre a su vez como una vaina y entrega sus granos.

Una vez estuve junto a tres campesinos frente al lecho de muerte de su madre. Y, cierto, era doloroso. Por segunda vez se cortaba el cordón umbilical. Por segunda vez, se deshacía un nudo: el que liga una generación a otra. Estos tres hijos se sentía de pronto solos, teniendo que aprenderlo todo, privados de una mesa familiar en torno a la que reunirse los días de fiesta, privados del polo en el que se encontraban todos. Pero descubrí también, en esa ruptura, que la vida puede ser dada por segunda vez. Ellos, esos hijos, también se convertirían, a su vez, en cabezas de fila, puntos de reunión y patriarcas, hasta el momento en que les llegase el turno de transmitir el mando a la camada de pequeños que jugaban en el corral.

Yo miraba a la madre, una vieja campesina de rostro apacible y duro, de labios apretados, un rostro convertido en máscara de piedra. Y reconocía en ella la cara de sus hijos. Aquella máscara había servido para imprimir la de ellos. Aquel cuerpo había servido para imprimir esos cuerpos, esos hermosos ejemplares de hombres. Y, ahora, reposaba rota, pero como una ganga de la que se ha sacado el fruto. A su vez, hijos e hijas de su carne imprimirían pequeños hombres. En una granja, no se muere. ¡La madre ha muerto, viva la madre!

¡Dolorosa, sí, pero tan simple esta imagen del linaje, abandonando uno a uno, sobre su camino, sus bellos despojos de cabellos blancos, marchando hacia no sé qué verdad, a través de sus metamorfosis!

Por eso, la misma noche, la campana de los muertos de la aldea me pareció cargada, no de desesperación, sino de una alegría discreta y tierna. Ella, que celebraba con la misma voz los entierros y los bautizos, anunciaba una vez más el paso de una generación a otra. Y solo se experimentaba una gran paz al oír cantar los esponsales de una pobre vieja y de la tierra.

Lo que se transmitía así de generación en generación, con el lento progreso de un árbol que crece, era la vida, pero era también la conciencia. ¡Qué misteriosa ascensión! De una lava en fusión, de una pasta de estrella, de una célula viva germinada por milagro hemos brotado, y, poco a poco, nos hemos elevado hasta escribir cantatas y mesurar vías lácteas.

La madre no solo había transmitido la vida: ella había enseñado un lenguaje a sus hijos, les había confiado el bagaje tan lentamente acumulado en el curso de los siglos, el patrimonio espiritual que había, ella misma, recibido en depósito, ese pequeño lote de tradiciones, de conceptos y de mitos que constituye toda la diferencia que separa a Newton o a Shakespeare del bruto de las cavernas.

Lo que sentimos cuando tenemos hambre, esa hambre que impulsaba a los soldados de España, bajo el tiroteo, hacia la lección de botánica, que impulsó a Mermoz hacia el Atlántico Sur, que impulsa al otro hacia su poema, es que el génesis no está terminado y que necesitamos tener conciencia de nosotros mismos y del universo. Debemos tender pasarelas en la noche. Eso lo ignoran solo aquellos que hacen sabiduría de una indiferencia que creen egoísta. Pero ¡todo desmiente a esa sabiduría! Compañeros, mis compañeros, yo os tomo por testigos: ¿cuándo nos hemos sentido felices nosotros?

4

Y de pronto recuerdo, en la última página de este libro, a esos burócratas envejecidos que nos sirvieron de cortejo en el alba de nuestro primer correo cuando, habiendo tenido la suerte de ser designados, nos preparábamos a transmutarnos en hombres. Ellos eran, sin embargo, semejantes a nosotros, pero no sabían que tenían hambre.

Hay demasiada gente a la que se deja dormir.

Hace algunos años, en el curso de un largo viaje en tren, queriendo visitar esta patria en marcha en la que me había encerrado por tres días, tres días prisioneros de ese estruendo de guijarros arrollados por el mar, me levanté del asiento. Y, hacia la una de la mañana, recorrí el tren en toda su longitud. Los coches cama estaban vacíos. Los coches de primera estaban vacíos.

Pero los coches de tercera cobijaban a centenas de obreros polacos despedidos de Francia, que regresaban a Polonia. Y fui por los corredores, pasando por encima de los cuerpos. Me detuve para mirar. De pie, bajo las lamparillas, vi en aquel vagón sin divisiones, como un rancho, y que olía a cuartel o a comisaría, a toda una población confusa y agitada por los movimientos del tren. A todo un pueblo hundido en malos sueños y que regresaba a su miseria. Grandes cabezas afeitadas rodaban sobre la madera de las banquetas. Hombres, mujeres, niños, todos se revolvían de derecha a izquierda, como atacados por to-

dos esos ruidos, por todas esas sacudidas que los amenazaban en su olvido. No habían encontrado la hospitali-
dad de un buen sueño.

Y entonces me pareció que habían perdido cierta
calidad humana, traqueteados de un extremo a otro de
Europa por las corrientes económicas, arrancados a la
pequeña casa del norte, al minúsculo jardín, a los tres
potes de geranios que en otro tiempo había observado en
la ventana de los mineros polacos. No habían reunido
más que los utensilios de cocina, las mantas y las corti-
nas, en paquetes mal atados y llenos de hernias. Pero
todo lo que habían acariciado o amado, todo lo que habían logrado domesticar en cuatro o cinco años de resi-
dencia en Francia, el gato, el perro y el geranio, todo eso
habían tenido que sacrificarlo y no llevaban consigo más
que esas baterías de cocina.

Un niño mamaba de una madre tan cansada que parecía dormida. Allí, la vida se transmitía en medio del
absurdo y del desorden de ese viaje. Miré al padre. ¡Un
cráneo pesado y desnudo como una piedra! Un cuerpo
plegado en el inconfortable sueño, aprisionado en el in-
dumento de trabajo, hecho de bultos y de huecos. El
hombre era semejante a un montón de arcilla. De igual
modo, despojos que no tienen ya forma, pesan, de noche, sobre los bancos de los mercados. Y yo pensaba: el
problema no reside en esa miseria, en esa suciedad, ni en
esa fealdad. Pero ese hombre y esa mujer se conocieron
un día y el hombre sonrió sin duda a la mujer: él le llevó,
sin duda, flores después del trabajo. Tímido y torpe, qui-

zá temblaba ante la idea de verse rechazado. Pero la mujer, por coquetería natural, la mujer, segura de su gracia, se complacía quizá en confundirlo. Y el otro, que hoy es tan solo una máquina de cavar o de golpear, experimentaba así, en su corazón, una angustia deliciosa. El misterio es que se hayan convertido en esos paquetes de arcilla. ¿En qué terrible molde han estado, marcados por este como por una máquina de troquelar? Un animal envejecido conserva su gracia. ¿Por qué esa hermosa arcilla humana se ha malogrado?

Y proseguí mi viaje, entre ese pueblo cuyo sueño era turbio como un lupanar. Se oía un ruido vago hecho de ronquidos broncos, de quejas oscuras, del roce de los zapatones de aquellos que, con el cuerpo dolorido de dormir sobre un costado, se volvían hacia el otro. Y siempre en sordina ese inagotable acompañamiento de guijarros arrollados por el mar.

Me senté frente a una pareja. Entre el hombre y la mujer el niño, mal que bien, se había hecho un hueco y dormía. Pero se dio la vuelta, entre sueños, y vi su cara bajo la luz de la lamparilla. ¡Ah! ¡Qué cara tan adorable! Había nacido de aquella pareja una especie de fruto dorado. Había nacido de esa tosca manada ese triunfo de encanto y de gracia. Me incliné sobre aquella frente lisa, sobre aquel dulce gesto de los labios y me dije: he aquí una cara de músico, he aquí a un Mozart niño, he aquí una bella promesa de la vida. Los pequeños príncipes de leyenda no eran diferentes de él: protegido, rodeado, cultivado, ¡qué no habría llegado a ser! Cuando nace por mutación en los jardines una rosa nueva, todos los jardineros se conmueven. Se aísla la rosa, se la cultiva, se la cuida con esmero. Pero no hay jardinero para los hombres. Mozart niño será marcado como los otros por la máquina de troquelar. Mozart alcanzará sus mayores alegrías en la repugnante música en medio de la fetidez de los cafetines. Mozart está condenado.

Y regresé a mi vagón. Me decía: estas gentes apenas sufren de su suerte. No es la caridad lo que me atormenta aquí. No se trata de enternecerse sobre una llaga eternamente renovada. Los que la llevan no la sienten. Algo como la especie humana, y no el individuo, es lo herido aquí, lo lesionado. Apenas en la piedad. Lo que me atormenta es el punto de vista del jardinero. Lo que me atormenta no es esta miseria en la cual, después de todo, uno se instala tan bien como en la pereza. Generaciones de orientales viven en la mugre y se complacen en ella. Lo que me atormenta no lo curan las sopas de caridad. Lo que me atormenta no son esos huecos, ni esos bultos, ni esa fealdad. Es Mozart, de cierta forma asesinado en cada uno de estos hombres.

*

Solo el espíritu, soplando sobre la arcilla, puede crear al Hombre.